いまこそ知りたい

井伊直虎

水王舎

いまこそ知りたい

まえがき

家督を継ぎながら系図に記されなかった女城主・直虎とは

静岡県浜松市北区引佐町《いなさちょう》井伊谷《いいのや》。

井伊谷川と神宮司川が流れる肥沃な平野は農耕地として栄え、古くから人々が集落を形成していた。この田園を見下ろすのは、北に位置する城山だ。標高１１４・９メートルの丘陵にあるのは城山公園で、その一角にぽつりと「井伊谷城跡」と記された柱が立っている。

井伊谷城は、かつて同地を支配していた井伊家の本城のひとつだ。井伊家と言えば、江戸時代に大老を多く輩出した名家・

彦根藩井伊家が有名だろう。初代藩主の井伊直政《いいなおまさ》は、徳川四天王のひとりに数えられ、徳川家康の天下取りに尽力した勇将だ。

この直政の生地が井伊谷であり、彦根藩井伊家のルーツが「井伊谷の井伊家」だ。直政が幼名「虎松」を名乗っていた頃、彼の後見人を務め、女ながらに当主の座に就いていたのが「井伊直虎《なおとら》」である。

当時の遠江《とおとうみ》はまさに乱世で、東に駿河《するが》の今川氏、北に甲斐から信濃に侵攻してきた武田家、西は三河・徳川家と尾張・織田家の連合軍。三方を囲まれた激戦地に井伊家はあった。

しかし、そんな井伊家を守り抜いた直虎は、系図にその名が見当たらない。23代当主・直親《なおちか》の死後、直虎は家督を継いでいるが、系図の24代には直政《なおまさ》の名が記されている。

「女城主・直虎」として現代までその名を残しながら、数多の史料から隠れた井伊直虎とは、どのような人物だったのか？

井伊家のルーツを紐解きつつ、また当時の近隣国の情勢を追いかけながら、彼女の足跡を辿ってみる。

井伊家の歴史研究会

いまこそ知りたい

井伊直虎

序章 井伊家のルーツ

第1章 直虎の生涯

第２章 井伊直虎という人物

第３章

井伊氏と直虎ゆかりの人物

第４章

直虎が生きた場所を行く

いまこそ知りたい

序　章

井伊家のルーツ

いまこそ知りたい

平安時代　～井伊家発祥の地～

始祖・井伊共保《ともやす》の誕生伝説

女ながらに家督を継ぎ、戦乱の井伊家を支えた女城主・井伊直虎。彼女の生涯を振り返る前に、まずは彼女が守ろうとした井伊家の歴史を紐解いていこう。

井伊家の始祖は平安時代にまで遡る。

１０１０年の元旦、井伊谷（静岡県浜松市北区引佐町）にある井伊八幡宮（渭伊《いい》神社）の神主が社頭にお参りした際、御手洗の井戸に生まれたばかりの男児を見つけた。「もしや水神の子では」と直感した神主は、男児を抱いて帰り大切に育てたという。

当時、遠江（静岡県西部）の管理を任されていたのは公家の藤原共資《ともすけ》で、天皇の命令を受けて都から遠江に下向していた。共資は浜名湖東岸の小丘に志津《しづ》城を築いて居城としたが、彼は男児に恵まれず世継ぎに困っていたという。そんな折、共資は井戸から生まれたという聡明な少年の噂を聞きつけ、神主からもらい受けることに。「共保《ともやす》」と名付けられた少年は、共資のひとり娘と結婚して家督を継ぐこととなった。

その後、晩年の共保は生誕の地である井伊谷に戻り、城を築いて移り住んだ。このとき家名を藤原から「井伊」に改め、これが井伊家のはじまりになったと伝えられている。

写真提供：浜松市

共保の誕生伝説が残る井戸は、井伊家の菩提寺・龍潭寺近くの田園地帯にある

水資源に恵まれた「井の国」

井伊谷は、奥山から流れる神宮寺川と伊平《いだいら》方面から流れる井伊谷川をはじめ、多くの湧水に恵まれた水が豊富な地だ。

縄文・弥生時代の遺跡のほかに古墳も多く、古くから栄えていた様子が窺える。かつて同地は水資源から「井《い》の国《くに》」と呼ばれ、支配者は水を崇めていたと考えられている。

神宮寺川が湾曲する小高い丘では水の祭祀をおこなっていたと思われる天白磐座《てんぱくいわくら》遺跡があり、清流から汲み上げた聖水を神に捧げていたという。大地から湧き出る水は生命力の象徴であり、古今東西、水の祭祀は多く行われてきた。

そんな井の国の井戸で誕生したという伝説が残る井伊共保も、聖水の恩恵に預かったのだろうか。84歳という長寿をまっとうし、後世へと続く井伊家の土台を築いたのだ。

いまこそ知りたい

平安時代　～井伊の由来と井ノ八郎～

地名・井伊郷に由来する井伊姓

共保が井伊姓を名乗ったのは、同地の旧名・井の国が由来だ。701年、大宝律令《たいほうりつりょう》が制定されると、遠江には10郡が置かれて同地は「引佐郡」となった。郡内は美也古多《みやこた》、於佐加倍《おさかべ》、以布久《いふく》、そして「渭」の4郷に分けられ、やがて渭郷は渭伊郷へと変わったそうだ。井伊の姓はこの「渭伊」であり、現在もこの古名は共保が生まれたとされる渭伊神社として残されている。

さて、渭伊郷がかつて渭郷だったように、井伊家もまた「井家」を名乗ることがあったようだ。井伊谷の井伊家が「井家」として登場するのは、平安末期に起きた保元の乱である。

本源の乱は1156年7月に起きた政変で、朝廷が天皇位を巡って崇徳上皇《すとくじょうこう》派と後白河《ごしらかわ》天皇派に分かれた際、公家もそれぞれに従って源氏と平氏を巻き込む武力衝突へと発展した。この顛末が描かれた『保元物語』には、源義朝《みなもとのよしとも》に従った軍勢のひとりとして「遠江の武士・井ノ八郎《いのはちろう》」の名前が残されている。

井ノ八郎が井伊家の何代目なのか、なぜ源氏側についたかなどの詳細は不明だが、遠江の武士たちはこぞって源氏の軍勢に加わったようだ。

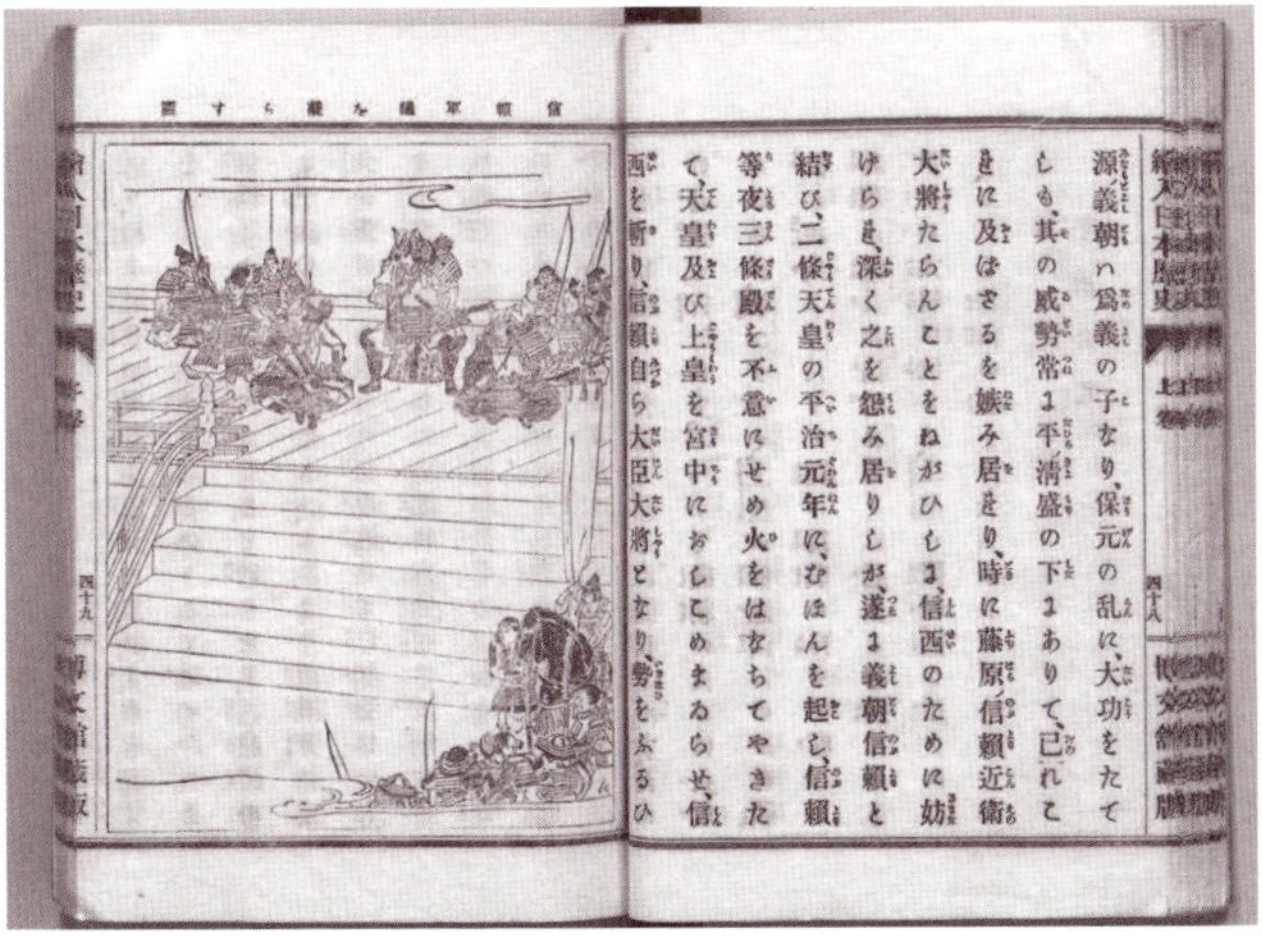

写真：国会図書館／『絵入日本歴史』

天皇位を巡る争いは、後白河天皇と源氏の勝利に終わった

比叡山の圧力で処刑された井伊六郎直綱

また、井伊家の名前は鎌倉時代に編纂された歴史書『吾妻鏡《あづまかがみ》』にも登場する。第11巻には、比叡山の訴えによって禁獄された人物として「井伊六郎直綱《いいろくろうなおつな》」の名が綴られている。

同書によれば1191年、近江国の佐々木定重《ささきさだしげ》の屋敷に下級僧侶が乱入する事件が起こった。当時、佐々木家の領地は水害に見舞われ、年貢を納めることができなかった。これを許さなかった比叡山は、下級僧侶に命じて佐々木家の屋敷を襲撃したのだ。

しかし、定重は郎従の井伊六郎直綱らとともに迎撃し、僧侶たちを斬りつけたという。このとき、僧侶たちが担いでいた神鏡を破損してしまったが、これがまずかった。

強い権力を持っていた比叡山は、定重を流罪ののちに斬首。さらに罪は郎従たちにもおよび、直綱も処刑されることとなった。

いまこそ知りたい

鎌倉時代　～武家の八介～

遠江の行政を担っていた井伊家

延暦寺の圧力によって処刑された定重だが、当時の佐々木家は地方の守護職を任された名門のひとつである。その佐々木家に井伊六郎直綱が仕えていたことから、当時の井伊家は有力者に食い込んでいたと推察できる。

そんな井伊家は、鎌倉時代に入ると幕府に仕えたようだ。『吾妻鏡』の第15巻と第36巻には「井《い》伊介《いのすけ》」の名が見られるが、「介」とは国司の官位を表している。

律令体制下において、国司は各国の行政をつかさどる役職だ。官位は「守・介・掾・目」の4ランクが存在し、つまり「井伊介」はナンバー2ということだ。江戸中期に書かれた『貞丈雑記《ていじょうざっき》』にも「井伊介は遠江介で、井伊の居住したことから『井伊介』と呼ばれるようになった」といった内容の記述がある。当時の井伊家は、遠江でも有力な家柄だったのだ。

『吾妻鏡』第15巻によれば、1195年3月10日、源頼朝《みなもとのよりとも》が京都の石清水八幡から奈良の東大寺に向かう際、お供のひとりとして井伊介が加わっていたとある。

また、第36巻には1245年1月9日、鶴岡八幡宮で開かれた鎌倉幕府の「御弓始の儀」において、井伊介が三番目に弓を引いたと記されている。

写真：PIXTA

井伊谷城址から眺めた井伊谷の風景。周囲を山に囲まれた盆地となっている

全国屈指の名門のひとつ

国司の「守」は貴族が任命されることが多く、実質的な在地領主は「介」であることが多い。

当時の井伊家は「武家の八介」と称される名門だった。武家の八介とは、鎌倉時代に名を馳せた武家のなかでも、名門中の名門とされた8家のこと。

出羽の秋田城介・相模の三浦介・下総《しもうさ》の千葉介・上《かず》総《さ》の上総介・伊豆の狩野介・加賀の富樫介・周防の大内介、そして「遠江の井伊介」だ。

なお、井伊家は平安時代末期から鎌倉時代にかけて分家が誕生している。赤佐郷《あかさごう》（浜松市浜北区）に進出した赤佐井伊家、貫名郷《ぬきなごう》（袋井市広岡）の貫名井伊家。ほかにも田中家や井平家など、地名を苗字にした分家が次々と生まれ、天竜川以西の西遠江全域に親族を配していった。そして本家は井伊谷を拠点としたが、居住に不便だった本城・三岳城から井伊谷城へと移り住み、井伊谷城南麓の居館で生活していた。

いまこそ知りたい

南北朝時代　～今川家との因縁～

南北朝成立の背景

1333年、鎌倉幕府を滅ぼした後醍醐《ごだいご》天皇は、天皇が政治を取り仕切る「建武の新政」を開始した。しかし彼の独裁は、権力を剥奪された貴族や所領を没収された武士階級の双方から不満が噴出。幕府政治の回帰を求める声が高まるなか、鎌倉幕府最後の執権・北条高時《ほうじょうたかとき》の遺児である時行《ときゆき》が挙兵。鎌倉を占拠したものの、足利尊氏にあっさりと鎮圧されてしまう。

ところが、尊氏は鎮圧後も鎌倉に留まり、後醍醐天皇と袂を分かつこととなる。そして尊氏は武士が奪われた土地の返還を求めて京に出陣したのだ。戦況は足利勢が優勢だったが、尊氏には懸念があった。後醍醐天皇を倒してしまうと、朝敵として世論の反感を買う恐れがあったからだ。

当時の天皇家は決して一枚岩でない。皇位継承権を巡り、後醍醐天皇派の大覚寺統《だいかくじとう》と後深草《ごふかくさ》天皇派の持明院統《じみょういんとう》が対立していた。そこで尊氏は、持明院統の院宣を得て自らが朝敵でないことを世に知らしめつつ、後醍醐天皇を屈服させることに成功。

1336年9月、尊氏が擁立した光明《こうみょう》天皇が誕生したが、吉野（奈良県吉野町）に逃げ込んだ後醍醐天皇は、自分こそが正統な天皇だと主張。ここに、京都・光明天皇の北朝と奈良・後醍醐天皇の南朝が成立する南北朝時代が訪れた。

「井伊家と今川家」因縁のはじまり

南北朝の成立は、各地の武家を巻き込み、それは井伊家も例外ではなかった。

当時、駿河と遠江の守護を任されていたのは、足利家から分かれた名門・今川家だ。しかし、遠江に属する井伊谷周辺は、南朝方の大覚寺統の荘園や所領が多く、北朝方である今川範国《のりくに》は井伊家を敵と見なした。

写真：国会図書館／『日本肖像画図録』

後醍醐天皇御像（清浄光寺）。吉野に追われた後醍醐天皇は南朝を立ち上げた

そして１３３７年７月、範国は侵攻をはじめ、三方原で待ち受けた井伊家を押し込んで井伊谷に入った。その後、井伊家は籠城して範国勢を迎え撃ったが、この結末については分かっていない。おそらくは、決着がつかないまま範国が撤退したと考えられる。

史料を確認する限り、このときの戦いが井伊家と今川家の初めての衝突と思われる。しかし、これより２３０年近くにわたり、井伊家と今川家の因縁が続くこととなる。

いまこそ知りたい

南北朝時代 ～宗良親王と井伊家～

南朝方の宗良親王を歓迎した井伊家

今川範国の軍勢撤退後の１３３７年8月、今度は井伊谷に後醍醐天皇の皇子・宗良親王《むねよししんのう》が入った。当時、後醍醐天皇は各地に皇子を送り、南朝の拠点を増やそうと画策していた。そのひとつが井伊谷であり、宗良親王は井伊家を頼って同地を訪れたのだ。

井伊家12代当主・道政《みちまさ》は宗良親王を歓迎し、分家である奥山家の館に迎え入れた。そんななか、南朝重鎮の北畠顕家《きたばたけあきいえ》が大軍を率いて進軍を開始。これを受けて、宗良親王も井伊家の軍勢を率いて、東海道の橋本駅（静岡県湖西市）で顕家と合流した。

そして１３３８年1月、美濃国青野原（岐阜県大垣市）で足利勢を撃破。西征して京都に攻め入ろうとしたが、奈良で待ち受けていた別の軍勢に阻まれ、激戦の末に敗れてしまった。敗戦後、宗良親王は吉野に入り、従軍した井伊家の一部も同行したと思われる。

その後、宗良親王は新たな拠点として北の陸奥国《むつのくに》を目指す。しかし、海路で向かう途中、遠州《えんしゅう》灘《なだ》で嵐に遭い、船団は散り散りになったという。漂着先で足利勢に殺された者も少なくなかったそうだが、幸運にも宗良親王は助かった。浜松に漂着した彼は、井伊家を慕う地元の人々にもてなされたあと、道政の子・高顕《たかあき》の出迎えを受けて再び井伊谷に入った。

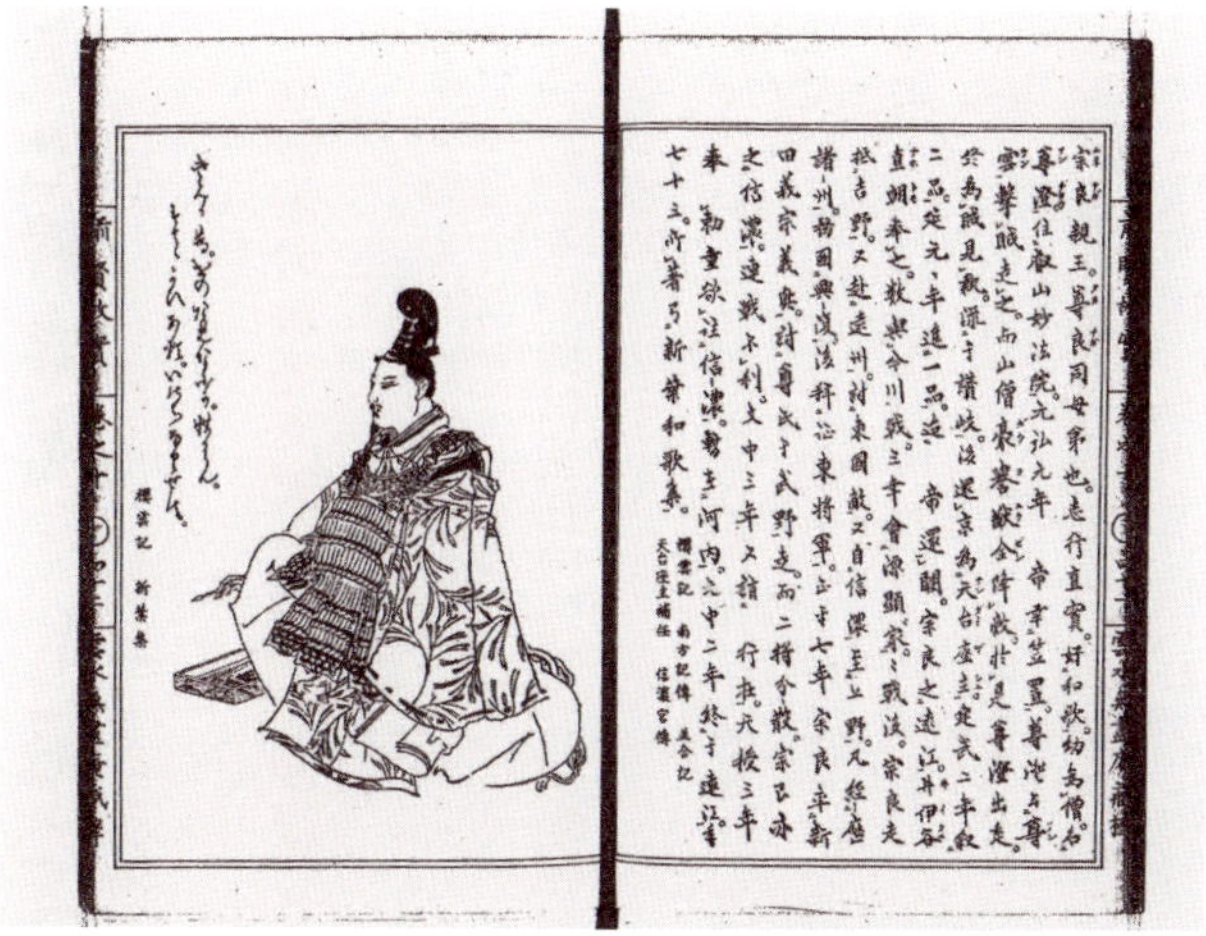

写真：国会図書館／『前賢故実』（郁文舎）

生母が和歌の宗家だった宗良親王は、自身も幼少の頃より歌に親しんでいた

奮戦むなしく北朝に敗れる

井伊家は北朝方の襲来に備え、城郭網の整備をはじめた。三岳《みたけ》城を中心に北に田沢城、南に鴨江《かもえ》城、東に大平城、西に千頭峯《せんとうがみね》城を築城していった。

つかの間の平穏ののち、1339年7月、範国から遠江の守護を継いだ仁木義長《にきよしなが》が井伊谷に侵攻。わずか4日後に鴨江城が落とされたが、本城の三岳城に主力を割いて井伊家は必死に戦った。

ところが、8月16日に後醍醐天皇が崩御してしまう。訃報が届いた井伊谷は、悲しみに暮れながらも天皇の遺志を継いで戦意を高める。歴戦の勇士が集う北朝の軍勢に対して必死の防戦を繰り広げるも、1340年8月に陥落。井伊家は降伏し、宗良親王は各地を流浪する逃走生活を強いられることとなった。

晩年、宗良親王は三度井伊谷に戻り、1385年に井伊谷で生涯を終えたという。このため、井伊谷には宗良親王ゆかりの地も多く残されている。

いまこそ知りたい

南北朝時代 〜応仁の乱〜

斯波家の放任支配で勢力を回復した井伊家

足利勢に降伏した井伊家だったが、引き続き井伊家は国人領主《こくじんりょうしゅ》として井伊谷を管理していた。しかし、その間に遠江の守護は何度か後退し、最終的に今川家が駿河と遠江の二国を支配することとなっていた。

後醍醐天皇が崩御し、井伊家も敗れたが、南朝の勢力は各地に残っている。なかでも九州で地盤を固めていたことから、やがて井伊家は九州制圧に従軍させられるようになった。九州は宗良親王の弟・懐良親王《かねよししんのう》が中心で、井伊家としては戦いたくない相手だ。とは言え、足利家に敗れ、今川家の傘下にある以上、断ることはできない。強制的に駆り出された井伊家一族は、やがて人的にも経済的にも疲弊していった。

１４１９年、今川家に代わって斯波家が遠江の守護を任されると、井伊家は半世紀を費やして少しずつ勢力を回復していった。当時、斯波《しば》家は遠江以外にも越前と尾張の守護を兼務していて、守護本人が遠江に下向することはなかった。年貢の徴収などは地元の有力国人に任せきりで、こうした背景が井伊家回復の追い風となった。そんな状況下で勃発したのが、８代将軍・足利義政《あしかがよしまさ》の後継者争いに端を発した「応仁の乱」（１４６７〜１４７７年）である。

写真：国会図書館／『少年日本歴史読本 第15編』（博文館）

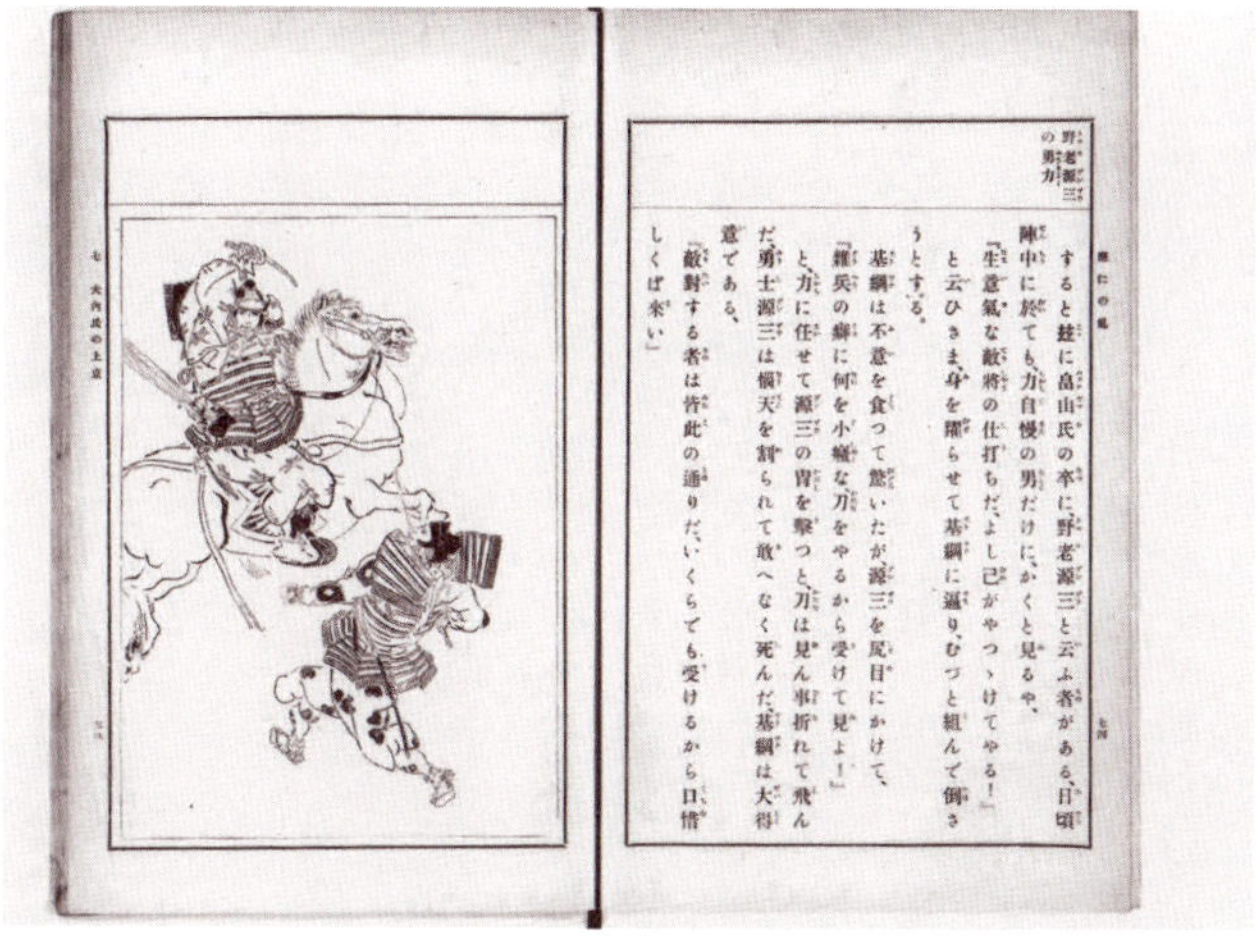
野老源三の勇力

應仁の亂

すると茲に畠山氏の卒に、野老源三と云ふ者がある、日頃陣中に於ても、力自慢の男だけに、かくと見るや、

「生意氣な敵將の仕打ちだ、よし己がやつゝけてやる！」

と云ひさま、身を躍らせて基綱に迫り、むづと組んで仆さうとする。

基綱は不意を食つて驚いたが、源三を尻目にかけて、

「雜兵の癖に何を小癪な、刀をやるから受けて見よ！」

と、力に任せて源三の背を撃つと、刀は見ん事折れて飛んだ、勇士源三は腦天を割られて敢へなく死んだ、基綱は大得意である、

「敵對する者は皆此の通りだ、いくらでも受けるから口惜しくば來い」


10年に渡って継続した応仁の乱。足利幕府の威信が衰えて下克上の気風が生まれた

遠江奪還を狙う今川家

京都を中心に東軍と西軍に分かれた大乱は、京都のほぼ全域に壊滅的な被害を与えた。また、各地にも飛び火した結果、遠江もまた戦場となった。

東軍についていた駿河今川家は、かねてから故地・遠江の奪還を目指していた。一方、遠江の斯波家は西軍についていた。

このため、応仁の乱に乗じて今川家は遠江への侵攻を開始。当然、看過できない斯波家も遠江に入り、一進一退の攻防が続いた。

しかし1476年、当時の今川家当主・義忠《よしただ》が塩買坂（静岡県菊川市）にて夜襲に遭い、流れ矢に当たって命を落としてしまう。すると、当主を失った今川家で後継者争いが発生し、遠江侵攻は中断されることとなった。当面の危機が去り、胸をなで下ろした井伊家。だが、その後も今川家は遠江奪回の機会を虎視眈々と窺っていたのだ……。

いまこそ知りたい

戦国時代　〜今川家の侵略〜

今川家が遠江侵攻を再開

応仁の乱以降、足利家の威信が衰えたことにより、下克上の気風が漂いはじめた。各地で領地を巡る争いが増え、戦乱の世へと突入していく

家督争いの結果、今川家を継いだのは義忠の実子・氏親《うじちか》だった。氏親にとって遠江奪還は、今川家の悲願とは別に、父の敵討ちという目的もあった。そして侵攻の準備を粛々と続けた今川家は、1494年頃から再び遠江へと攻め入るようになった。

指揮を執ったのは、氏親の叔父にあたる北条早雲《そううん》だ。彼は数千の兵を率い、斯波家の軍勢を次々と打ち破ると、東遠江から中遠江までを手中に収めた。さらに早雲は、軍を西に進めて東三河にも攻め込んだ。このとき、彼らは浜名湖の北側を走る姫街道を通過した。姫街道は井伊谷の目と鼻の先を通る街道で、井伊家を牽制した氏親は付近に刑部城と堀川城を築城。井伊家は斯波家と今川家の戦いに巻き込まれることとなる。

1510年、井伊家20代当主・直平《なおひら》は、斯波勢に協力して刑部《おさかべ》・堀川両城の攻略にあたっていた。この頃、すでに早雲は今川家から独立しており、指揮を執っていたのは氏親だった。氏親は忍びを効果的に利用し、井伊谷の各所に火を放って斯波勢を大いに混乱させたという。

写真提供：浜松市

今川家に落とされた井伊家の本城・三岳城址。南北朝時代は宗良親王の居城だった

今川家の傘下に入った井伊家

この結果、疲弊した直平は1513年3月に三岳城を攻め落とされて降伏。今川家に恭順の意を示し、傘下に入ることで井伊家を守る道を選んだ。

一方、同盟関係にあった大河内家の引馬《ひくま》城も1516年に陥落。大河内の父子は処刑されたが、同じ足利一門だった斯波家は許された。当主・斯波義達は出家したのちに尾張に移ったという。

かくして今川家の遠江制圧は完了し、再び駿河・遠江2国を領することとなった。今川氏が占領した三岳城は、奥三河の武将・奥平貞昌《おくだいらさだまさ》が城番として管理を任された。

さて、今川家の傘下に入った井伊家だが、この時期にどこで暮らしていたかは分かっていない。井伊谷城に住み続けることを許されたとする見方もあるが、貞昌の管理が井伊谷全体に及んでいたとすれば、分家・井平氏の支配地に逃れたのかもしれない。

column.1

井伊直虎・関係系図

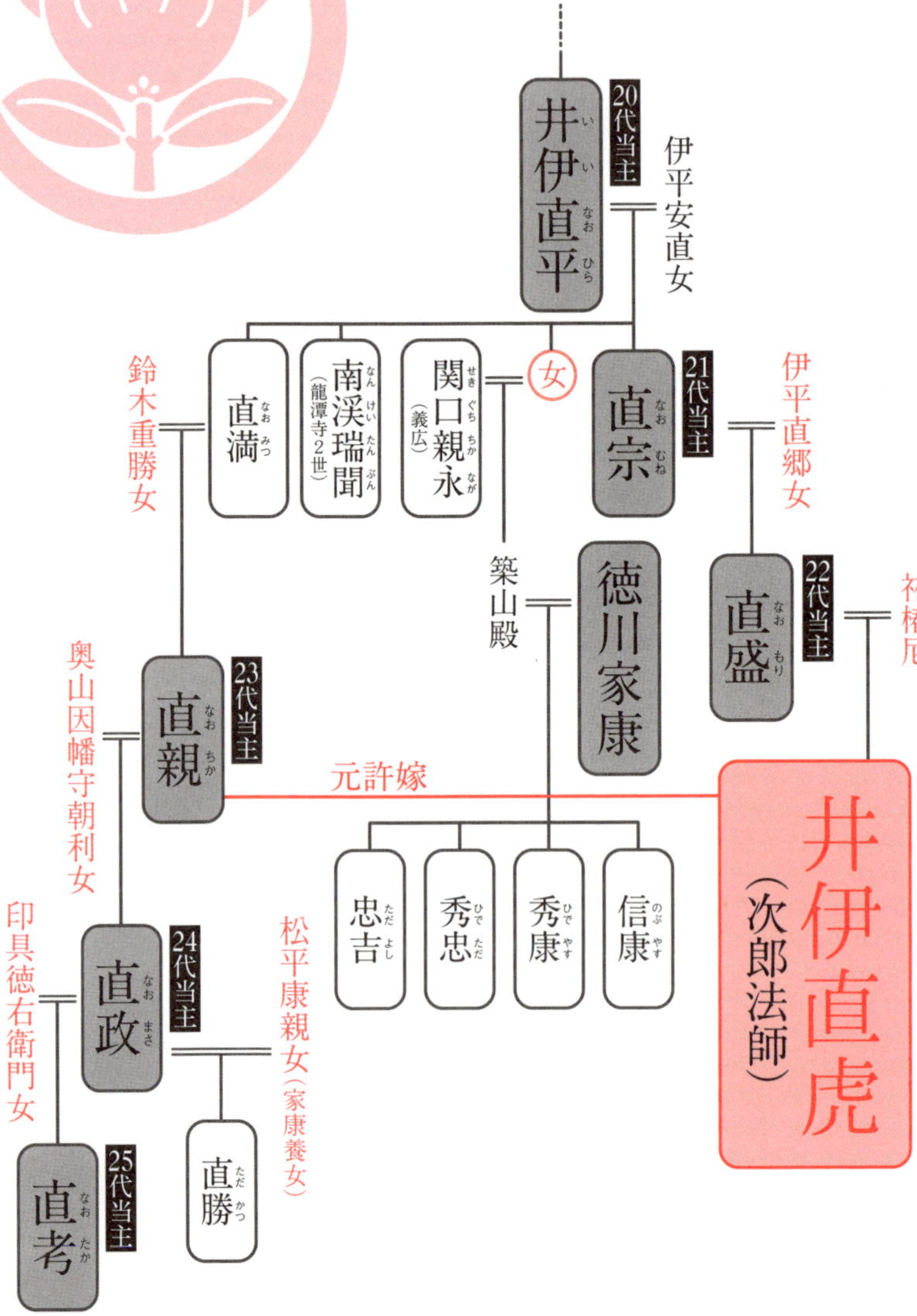

いまこそ知りたい

第１章

直虎の生涯

いまこそ知りたい

直虎の前夜　～幼少期の直虎～

井伊家次期当主の一人娘として生まれる

さて、ここからは本書の主役である井伊直虎の生涯を綴っていこう。

直虎は、井伊家次期当主となる直盛の娘として生まれた。母は新《にい》野《の》左《さ》馬《ま》助《のすけ》の妹で、通説では井伊谷城のふもとにあった居館の本丸で誕生したと言われている。直虎に関する史料は少なく、誕生年や幼少時の名前は明らかになっていない。数少なく分かっている幼少期の事実は「直盛夫婦には男子ができず、彼女が一人娘として育てられた」ということだけだ。

南北朝時代から続く今川家との因縁は、直虎が生まれた頃も変わらず続いていた。井伊家の本拠である三岳城は、永正の乱の際に今川家に占拠されたまま20年以上が経過している。このため、依然として井伊家は、今川家の圧迫を受けて苦しい状況にあったと考えられる。

しかし直虎の誕生後、奇しくも両家の関係に改善の兆しが見えはじめていた。その理由は、おもに今川家による事情である。１５３６年、今川家９代当主となった今川義元は、敵対関係にあった武田家との融和を進め、翌１５３６年に武田信虎《のぶとら》の娘・定恵院《じょうけいいん》を正室に迎えた。ところが、これに怒ったのが今川家と同盟関係の北条家だ。北条家は駿河に侵攻するなど険悪な状態になるなか、義元は領地である駿河と遠江を安定させるために頭を悩ませていたのだ。

写真：PIXTA
義元は駿河・遠江の安定をはかるため、井伊家と和睦を結んだ

井伊家と今川氏の和睦

そこで義元が目を付けたのが、長年にわたって関係が不安定だった井伊家である。井伊家を遠江の国人領主として処遇することで、彼らを今川家の戦力に取り込もうと考えたのだ。

交渉の経緯は明らかではないが、井伊家にとっても悪い話ではない。こうして1539年頃、井伊家と今川家に和睦が成立。三岳城は井伊家に返還され、今川家側の兵も引き揚げることとなった。ただし、今川はその見返りとして井伊家に人質を要求し、井伊直平の娘が駿府（駿河の国府）に送られることとなった。

かくして井伊家は国人領主としての安定を取り戻し、井伊谷城にも平穏な雰囲気が訪れた。

両親である直盛夫婦をはじめ、祖父の直宗、曾祖父の直平も健在だ。そんな環境下で当主直系の一人娘として生まれた直虎は、家族の愛情を一身に受けて育ったと考えられる。

いまこそ知りたい

直虎の前夜　～許婚・亀之丞～

幼馴染みの亀之丞が許婚になる

１５４２年1月、井伊家21代当主の直宗が戦死した。今川義元の命を受け、渥美半島・三河湾を支配する戸田氏の田原城を攻撃中、伏兵の野武士に襲われたのだ。直宗の討ち死にを受けて、家督を継いだのは息子である直盛だった。

しかし、22代当主となった直盛は後継者に悩んだ。男児に恵まれなかった直盛には、一人娘の直虎しかいなかったからだ。そこで一族で話し合った結果、直虎に婿をとり、その婿を後継者にすることが決定した。婿に選ばれたのは、直満の息子・亀之丞《かめのじょう》（のちの直親）である。

直満は直宗の弟（直平の三男）で、その息子である亀之丞は、直盛とは年の離れた従兄弟関係にある。正確な年齢差は不明だが、直虎と亀之丞は同世代であり、血筋的にも婿として申し分なかった。こうして１５４４年、直虎と当時９歳の亀之丞は許婚となった。

おそらく、この婚約を直虎も喜んだと思われる。というのも、直満の屋敷は直虎が暮らす本丸の居館からすぐ近くにあり、直虎と亀之丞は幼馴染みだったからだ。政略結婚が当たり前の時代において、当主の娘である自分が、気心の知れた幼馴染みと結婚できるのだ。戦乱の世、武家の娘とは言え、幼い少女だった直虎も、亀之丞との将来に少なからず胸を躍らせたのではないだろうか。

写真：写真AC

田原城復元桜門。田原城へ侵攻した直宗は、伏兵に襲われて無念の死を遂げた

和泉守の讒言で亀之丞に訪れた危機

しかし、この婚姻をよく思わなかったのが、井伊家の家老・小野《おの》和泉守《いずみのかみ》（道高）だった。和泉守は直満と犬猿の仲で、直満の息子である亀之丞が井伊家を継ぐことが許せなかったのだ。そこで和泉守は、直虎と亀之丞の婚姻を破談にし、なおかつ直満を排除する機会を窺っていた。

当時、井伊領の北東端には甲斐・武田信玄の軍勢がたびたび侵入し、土地と民を横領する事件が続いていたという。そのため、直平の命を受けた直満と直義（直平の四男）は兵と武器を整えていた。

これを恰好の材料と見た和泉守は、密かに駿府《すんぷ》を訪れ「直満と直義が謀反を企てている」と今川義元に讒言。結果、義元の呼び出しを受けた直満と直義は、駿府で誅殺されてしまう。さらに、義元は直満の息子・亀之丞も殺せと命じたため、慌てた井伊家は亀之丞を信濃へと落ち延びさせることにした。

いまこそ知りたい

直虎の前夜　～亀之丞との別れ～

亀之丞の命の恩人・忠臣の藤七郎

井伊家を揺るがした小野和泉守の讒言《ざんげん》だが、なぜ井伊家の重臣が一族を危機に晒すような真似をしたのか。当時の主従関係は、のちの徳川幕府時代のように強固ではなく、また和泉守は井伊家重臣でありながら、今川家の命を受けて行動する目付役のような存在だった。

いずれにしても、和泉守によって直満と直義は誅殺され、亀之丞の命も狙われている。直虎にも許婚の身に迫る危機は理解できたが、幼い彼女ができることなど何もない。そんななか、亀之丞の命を救ったのは直満の忠臣・今村藤七郎《いまむらとうしちろう》だった。

ある夜、今川義元から「亀之丞殺害」を命じられた和泉守の刺客が忍び寄るなか、藤七郎は叺《かます》（藁でつくられた袋）に亀之丞を押し込んだ。この叺を背負った藤七郎は、刺客を欺いて黒田郷（浜松市北区引佐町）に逃げ込んだのだ。その後、藤七郎は「亀之丞は病死し、今村藤七郎は自害した」という噂を広めるよう周囲の住民に頼み、その足で龍潭寺《りょうたんじ》の南渓《なんけい》和尚を訪ねた。そして、和尚の紹介で信濃国南伊那の松源寺に匿われることとなった。

なお、この逃亡中に正月を迎え、藤七郎は亀之丞のために温かい吸い物をこしらえたという。のちにこの吸い物は井伊家の元旦に食す吉例となり、藤七郎亡きあともその吉例は続けられた。

和泉守の讒言で誅殺された直満と直義を供養するため、井伊家が築いた井殿の塚

ただ亀之丞の無事を祈る日々

一方、亀之丞が突然姿を消したことに動揺したのは直虎である。もしかして、自分の許婚は殺されてしまったのではないか……と気に病む日が続いた。しかし、ほどなくして「亀之丞が信濃に無事逃げた」という報告が、南渓和尚を通じて直盛に届く。

とは言え、亀之丞の無事は井伊家内でも極秘事項である。小野和泉守に知られれば、すぐさま刺客が亀之丞のもとへと送られるからだ。

こうした状況のなか、直虎に亀之丞の安否が伝えられたかは定かでない。10歳前後の少女ならば、和泉守の前でうっかり口を滑らせる可能性もあるし、秘密を守り抜いたとしても、許婚の無事を知った直虎の態度から、和泉守が怪しむ可能性だってある。

だとしたら、直虎には亀之丞の件は伏せられたのではないだろうか。許婚の無事を願いながら、彼女は心細い日々を過ごしたのかもしれない。

直虎の前夜　～亀之丞の裏切り～

松岡家・松源寺・井伊家・龍潭寺を繋ぐ縁

直虎が不安な日々を送るなか、その不安の種である許婚・亀之丞は、信濃国の松源寺《しょうげんじ》で暮らしはじめた。なお、亀之丞をかくまったのは松源寺だが、彼を側面から庇護したのは国人領主の松岡家だ。

ここで松岡家と松源寺、そして井伊家との繋がりを説明しておこう。

当時、松岡家の当主は松岡貞利《まつおかさだとし》で、彼の三代前の当主・貞正《さだまさ》の弟に当たる人物が、松源寺の文《ぶん》叔《しゅく》和尚だった。文叔は厳しい修行に耐えて臨済禅を極めた名僧で、彼に帰依したのが直虎の曾祖父・井伊直平である。１５０７年、直平は文叔を自浄院《じじょういん》（龍潭寺の前身）に招いて院主とした。

一方、文叔の実兄である貞正は、松岡城の北西に松源寺を創建。すると、１５１３年頃に文叔は信濃に戻り、松源寺の創建第一世となった。その後、直平は１５２２年に自浄院と冷湛寺を発展拡大させた龍潭寺を造営し、その初代に文叔の弟子・黙宗《もくしゅう》を据える。この黙宗の弟子となり、のちに龍潭寺二世を継いだのが、直平の三男（養子）である南渓和尚だ。

つまり、南渓和尚が亀之丞の逃亡先に松源寺を紹介したのは、南渓―黙宗―文叔という法縁ネットワークであり、また同じ国人領主という立場から井伊家の境遇に同情した松岡貞利は、亀之丞を厚く保護した……というわけだ。

写真：PIXTA

亀之丞が過ごした伊那谷の地。長野県南部、天竜川に沿って伸びる自然豊かな盆地だ

故郷に許婚・直虎を残したまま信濃で結婚

こうした経緯で信濃に逃れた亀之丞は、松源寺で松岡氏家中の子どもらと一緒に学問を習い、松岡城にも足繁く通って弓馬や武芸の稽古に励んだ。

彼を追っ手から守った今村藤七郎。そして、ともに学ぶ竹馬の友らに囲まれ、亀之丞はたくましく成長していった。もちろん、眼下に流れる天竜川を目にすれば、その下流に位置する井伊谷を思い、望郷の念にかられたことだろう。そしてまた、井伊谷に残してきた許婚・直虎のことも……。

だが、彼の帰郷が叶うのは逃亡から約10年後、20歳を迎える1555年のこと。戦国時代において、男の結婚は15歳前後が一般的だった。彼も例外でなく、信濃で妻をめとることとなる。相手は地元代官・塩沢家の娘。松岡家の仲介かもしれないし、彼の本意ではないかもしれない。ただ、いずれにしても亀之丞は、故郷に許婚を残したまま、ほかの女と結婚したのだった。

いまこそ知りたい

直虎の前夜　～直虎、出家する～

出家を決意した背景とは

亀之丞が井伊谷を離れていた10年間。この間に直虎は、龍潭寺で出家している。しかし、いつ、どのような理由で出家を決意したかは明らかになっていない。

江戸時代中期、龍潭寺第9世和尚・祖山法忍《そざんほうにん》が記した『井伊家伝記《いいけでんき》』によれば、彼女は「深く菩提心を発《おこ》して出家した」という。菩提心とは、煩悩を断ち切り、悟りを求めようとする心のことだ。果たして、直虎が断ち切ろうとした煩悩とは何だったのか。これを推察するとしたら、当時の彼女が「亀之丞の近況をどこまで把握していたか」を考える必要がある。

松源寺と龍潭寺の法縁ネットワークにより、亀之丞の様子は年に数回、南渓和尚に報告されていたと考えられる。しかし、すでに触れたが、亀之丞が信濃で生き延びていることは極秘事項だ。南渓を通じ、どれだけの情報が当主・直盛の耳に届いたか、そして、その情報が直虎にまで伝わったかは分からないのだ。何も知らされず、許婚に操を立てる意味で出家したのか。それとも「亀之丞は死んだ」と教えられ、亡き許婚を弔うために出家したのか。はたまた「亀之丞結婚」を知り、失意のなかで出家を決意したのか……。いずれにしても、当主の一人娘たる彼女が出家の道を選んだという事実の裏には、並々ならぬ覚悟があったに違いない。

写真：PIXTA

龍潭寺本堂。直虎はここで出家し、南渓和尚から「次郎法師」の僧名を与えられた

次郎法師の僧名を与えられる

かくして龍潭寺で出家した直虎は、南渓によって尼名ではなく僧名の「次郎法師《じろうほうし》」を与えられた。

戦国時代の慣習として、尼から還俗《げんぞく》することは難しかったが、僧籍に身を置いた男の還俗は珍しくなかった。彼女に僧名を与えたのは、井伊家の将来のため、直虎に還俗の道を残そうとした南渓の配慮だ。

ただし、彼女の格好は尼僧そのものだった。美しい黒髪を肩までの長さに下ろすと、白の頭巾を被って黒の僧衣をまとった。出家後も、直虎は井伊谷城の居館本丸に住んでいたが、同じ屋根の下で暮らす直盛夫婦はどのような気持ちだっただろう。亀之丞が無事に帰郷し、井伊家の家督を継ぐ保証はどこにもない。そんななか、当主の一人娘の出家は、当然ながら両親も反対したはずだ。変わり果てた姿の娘を見て、直盛たちは悲しみ、またすべての元凶である今川氏に対し、改めて強い憎しみを抱いたのではないだろうか。

いまこそ知りたい

直虎の前夜　〜亀之丞の帰還〜

和泉守の病没で亀之丞が井伊谷に帰還

出家した直虎だったが、住まいはこれまで通り井伊谷城のふもとにある居館本丸で暮らしていた。ただ、大きく変わったのは龍潭寺に日参するようになったことだ。居館本丸から龍潭寺までの道のりは、およそ900メートルほど。侍女と警護を従え、直虎は毎日龍潭寺へ赴いた。南渓和尚の弟子として禅を学び、雑念を振り払う日々。亀之丞への思いで乱れた心も、少しずつ平穏を取り戻していった。

そんななか、井伊家にひとつの転機が訪れる。1554年、亀之丞の命を狙い続けていた家老・小野和泉守が病没したのだ。井伊家に仕えながらも、今川家の命で動く目付役的存在だった和泉守。彼の死は亀之丞にも伝えられ、ついに亀之丞は井伊谷に帰還することとなった。

かくして1555年3月、亀之丞は10年振りに直虎たちのもとへ戻ってきた。ただし、女児ひとりを連れての帰郷である。亀之丞は塩沢家の娘とのあいだに2児をもうけ、そのうちひとりは男児だったという。しかし、自身が「井伊家当主の婿養子になる身」との自覚からか、妻と男児を信濃に残しての帰郷だった。井伊家に黙って結婚し、子をなしたことは事実だ。直盛に不義理を詫びた亀之丞は、家督を継げない覚悟もしていただろう。

写真：PIXTA

龍潭寺の山門。出家後の直虎は龍潭寺へと日参し、乱れた心を落ち着かせていった

直虎、亀之丞との結婚を拒否!?

そんな亀之丞の覚悟を知っていたかは不明だが、直盛の決断は10年前と変わることはなかった。

　というのも、ほかの後継者候補は、和泉守の息子で井伊家家老を世襲した小野但馬守《おのたじまのかみ》（道好）だったからだ。生前の和泉守は、但馬守と直虎との結婚を望んでいたという。しかし、今川の息が掛かった人間に井伊家を任せるわけにはいかない。井伊家を継ぐのは、やはり亀之丞しかいなかったのだ。こうして亀之丞は直盛の養子となり、元服して「直親」となった。ただし、直虎と直親の縁組みが結ばれることはなかった。複雑な思いを抱えた直虎が、直親との結婚を拒んだのか、はたまた当主・直盛の判断だったのかは分からない。

　ともあれ、直親は一族である奥山因幡守《おくやまいなばのかみ》朝利《ともとし》の娘と祝言《しゅうげん》を挙げ、井伊宗家の人間となった。しかし、元許婚と同じ本丸で暮らすことははばかられたのか、直親は本丸から離れた場所に屋敷を構えることとなった。

いまこそ知りたい

直虎の前夜　～桶狭間の戦い～

当主・直盛、桶狭間にて討ち死に

直親の帰郷から5年が経過した１５６０年5月、今川義元は西征《せいせい》を決意した。天下の実権を握るため、義元は上洛《じょうらく》を狙っていたと言われているが、さし当たっての目標は尾張の織田信長である。当時、遠江と尾張《おわり》に挟まれた三河は今川家が支配していた。だが、西三河では織田方に通じている豪族も多く、三河を完全支配するためには尾張を制圧する必要があった。

そこで義元は、駿河・遠江の家臣らに出陣命令を発布。当然、井伊家にも出陣が命じられ、尼姿の直虎をはじめとした一族は、当主・直盛の無事を信じて見送った。直盛は井伊家と引馬（浜松）の軍勢４００人を引き連れ、松平元康《まつだいらもとやす》（徳川家康）と合流したが、そこに次期当主・直親の姿はなかった。直盛が加わった今川勢は兵2万人以上であり、対する織田勢は２０００から３０００人程度。完全なる勝ち戦だが、万が一の可能性を考慮し、直親の初陣は見送られた。

初陣に臨むつもりだった直親は不服だったかもしれない。しかし、慎重を期した直盛の判断は正しかった。5月19日、戦況が有利に進むなか、桶狭間《おけはざま》の地を急な悪天候が襲う。これに乗じて織田軍は義元本隊に奇襲を仕掛ける。結果、今川勢は桶狭間の戦いでまさかの大敗を喫した。総大将の義元をはじめ、先鋒隊として最前線にいた直盛も命を落とすこととなったのだ。

写真：PIXTA

桶狭間古戦場公園。園内には合戦当時の地形や砦を再現したジオラマもある

父の葬儀で経文を唱えた直虎

直盛の最期は切腹だった。奮戦むなしく重傷を負った彼は、首級を敵に取られることを恥として、家臣に自分の亡骸《なきがら》を井伊谷へ持ち帰るよう厳命する。

そして、切腹を前に直盛は「井伊領を中野越後守《なかのえちごのかみ》に預ける」との遺言を残した。中野家は、奥山家に次ぐ親族筆頭格である。帰郷からわずか5年の直親は、まだまだ家臣の信頼を得ているとは言いがたい。すぐさま当主を継がせたら、一族分裂の可能性もある。そこで直親が当主として成長するまで、中野越後守に井伊家を預けるように計らったのだ。

なお、この戦で亡くなったのは直盛だけではない。井伊家の重臣を実に16人も失うという大損害だった。見知った一族、そして何よりも父の死を知らされ、直虎は悲しみに暮れる。しかし、南渓の弟子たる彼女は、気丈にも涙をこらえ、父・直盛ら戦死者の葬儀で経文を唱え続けた。

いまこそ知りたい

直虎の前夜　～元許婚・直親の死～

悲劇が続く井伊家の希望「虎松」誕生

井伊家当主の直盛亡きあと、中野越後守は直盛の官職名だった「信濃守《しなののかみ》」を名乗り、城代として井伊谷を預かった。しかし、井伊家の実権は今川の命を受けた家老・小野但馬守が握っており、それを快く思わない家臣は少なくなかった。

こうしたなか、桶狭間の悲劇から半年が経った１５６０年12月、直親の妻の父である奥山因幡守朝利が但馬守に殺害された。殺害の経緯は諸説あり「小野家の排除を画策した朝利が、但馬守の屋敷を襲撃して返り討ちにあった」とも、「井伊家分家における最大の実力者・奥山家を恐れ、但馬守が誅殺した」とも言われている。

いずれにしても、桶狭間で多くの重臣を失ったばかりの井伊家にとって、奥山朝利の死は追い打ちを掛ける出来事だった。そんな状況を、ただ黙って見守ることしかできないのは直虎だった。歯がゆい思いを胸に隠しつつ、密かに爪を研いでいただろうか。

悲劇が続く井伊家に訪れた数少ない吉報は、１５６１年2月、直親に待望の嫡男が生まれたことだった。直盛が死んだ時期に懐妊した男児は、寅年生まれであることから「虎松《とらまつ》」と名付けられた。この男児こそ、のちに直虎が後見人となり、井伊家再興を果たす直政《なおまさ》である。

写真提供：浜松市

直親の墓。石碑の前の灯籠は、1851年に井伊直弼によって寄進された

但馬守の讒言に散った直親

虎松誕生に沸き立つ井伊家だったが、今川家の呪縛は終わらない。

義元の死後、今川家は嫡男の氏真《うじざね》が継いだが、少しずつ勢力は衰えはじめていた。そんなか、松平元康は岡崎城を拠点とし、織田勢に奪われた諸城を取り返していく。そして1562年、元康は敵対関係にあった織田信長と講和を結び、一国の大名として名乗りを挙げた。すると、これまで今川勢についていた三河衆《みかわしゅう》たちが、次々と元康に寝返りはじめた。

三河と接する井伊家にとっても他人事ではない。危機感を抱いた直親は、対三河の要衝《ようしょう》である引馬（浜松）移転を願い出るも、氏真は固持。今川家に不満を募らせるなか、これを好機と見た但馬守は氏真に「直親が元康と内通」と讒言《ざんげん》。父・直満が和泉守の罠にかかったのと同様、皮肉なことに直親もまた但馬守の讒言によって誅殺されることとなった……。

いまこそ知りたい

直虎の前夜 〜曾祖父・直平の死〜

虎松にも殺害命令を出した氏真

1562年12月14日、松平元康との内通疑惑をかけられた直親は、今川氏真に呼び出されたその道中、掛川城下で今川家重臣の手勢に襲われてこの世を去った。

直親の亡骸は井伊家に引き取られ、南渓和尚によって葬儀が行われた。もちろん、弟子である次郎法師――直虎――も列席したはずだろう。これまで、今川家によって何人もの一族の死を経験してきた直虎だったが、直親の亡骸に手を合わせたときの胸中や察するに余りある。幼馴染みとして仲むつまじい幼少期を過ごし、許婚となった相手。しかし、10年の別離を経て帰郷した彼は、すでに信濃で妻子をつくり、帰郷後も結ばれることはなかった。本丸から離れて暮らす元許婚を思い、人知れず幸せを願ったかもしれない。そんなはかない思いすら、今川家そして小野家によって無常にも引き裂かれたのだ。

しかし、悲しみに暮れている暇はなかった。直満《なおみつ》が誅殺されたとき、今川義元はその怒りを直親（亀之丞）にも向けた。今回もまた、氏真は直親に対する怒りを彼の嫡男・虎松に向け、虎松をも殺せと命じてきた。この窮地を救ったのは、井伊家の親族だった新野左馬助である。今川家に必死に嘆願した結果、人質として預かるという名目で虎松は左馬助に保護されることとなった。

写真提供：浜松市

直平が毒茶を飲んだとされる引馬城の跡地には、浜松元城町東照宮が建てられている

井伊家を支え続けた直平、毒茶に死す

井伊家直系の男子は、この時点で幼い虎松と70歳を超えた曾祖父の直平だ。しかし、直親の死から1年にも満たないうちに、今度は直平が命を落とした。

1563年9月、今川家は織田攻めのために再び三河へ出陣し、直平は引馬勢を引き連れて最後尾を任された。ところが、三河へ入る直前、駐屯地で直平陣営に火災が起こった。不慮の失火だったが、これを井伊家の謀反と疑ったのは氏真である。

釈明しても疑いは晴れず、氏真は忠誠心を見せろと、直平に社山《やしろやま》城の攻略を命じた。社山城は、南伊那の国境に勢力を伸ばしていた武田信玄勢の前線基地だ。やむなく出陣した直平だったが、その道中で突如として苦しみはじめ、息絶えてしまった。実は出陣前、引馬城で直平は城代の飯尾《いいお》豊前守《ぶぜんのかみ》の妻から茶を勧められたが、この茶に毒が仕込まれていたのだ。こうして井伊家直系の男子は、幼い虎松ただひとりとなった。

いまこそ知りたい

女城主・直虎　～直虎、家督を継ぐ～

相次ぐ重臣の死で直虎に白羽の矢が立つ

井伊直平の死因が毒殺だったという明確な証拠はない。それでも、井伊家の怒りは引馬城の飯尾夫妻へと向けられた。そんななか、飯尾豊前守が今川家に反旗を翻した。井伊家と同様、飯尾家も今川家に苦しめられてきた被害者でもあった。

とは言え、境遇が似ていたとしても、直平を殺された井伊家に同情の気持ちはない。１５６４年９月、裏切りに激怒した氏真は飯尾家討伐を命じると、仇に燃える井伊家重臣、中野《なかの》信濃守《しなののかみ》と新野佐馬助は２０００の軍勢を率いて引馬城に攻め込んだ。しかし、守りの固い引馬城に対し、井伊勢は寄せ集めの急増部隊だった。引馬勢の激しい抵抗に井伊勢はたちまち総崩れとなり、中野と新野は奮闘も空しく城下で討ち死にしてしまう。

重臣ふたりを同時に失い、井伊家を束ねられる男はもはや残されていなかった。当主不在のまま年を越した井伊家に、重苦しい空気が漂う。平安時代から続いた井伊家もいよいよ断絶か……と思われるなか、南渓和尚が大きな決断を下した。それは、女性である直虎（次郎法師）に家督を継がせることだった。かくして１５６５年、ここでようやく「直虎」を名乗ることとなった彼女は、お家存続という重大な命運を任されるとともに、井伊家当主の座に就いたのだった。

写真：PIXTA

次々と男衆を亡くした井伊家。龍潭寺内には共保から直政まで井伊家歴代の墓所がある

虎松の後見人として地頭職に

直虎の当主就任は『井伊家伝記』に記されている。要約すると「中野信濃守の死後、直政（虎松）の後見人として次郎法師が地頭となった」とある。

井伊家に残された男児・虎松は5歳とまだ幼く、彼だけは何としても守り抜かなくてはならない。そこで直虎が後見人という立場で地頭職に就き、井伊谷の領主・井伊谷城の城主となったわけだ。

分家である重臣から若い男子を養子に迎える案もあったが、後継者争いの火種になる可能性を嫌った。嫡流の血統を守る意味でも、やはり直虎が適任だった。直虎自身、家督を継ぐことに不安はあっただろう。少なくとも彼女の記憶では、近隣や近い時代に女地頭は存在しなかったからだ。

それでも、師である南渓和尚の提案だ。家臣や領民も自分を慕ってくれている。腹を括った彼女は、これより井伊家存続のために奔走することとなる。

女城主・直虎　～井伊領の困窮～

井伊領に移住してきた商人・銭主の台頭

井伊家の家督相続や地頭就任は、遠江を支配する今川家の承認が必要だった。しかし意外なことに、怨敵である今川氏真や小野但馬守は、直虎の地頭就任に反対することはなかった。この理由として、女性・直虎を軽視していたからと考えられる。直虎に対して強硬な態度に出れば、簡単に与《くみ》することができるだろう。少しでも抵抗する素振りを見せれば、これ幸いとばかりに軍勢を送り、滅ぼすことができる。そうなれば但馬守を井伊谷城代に据えて、今川直轄領にできる。反対どころか、当主直虎を歓迎すらしていたかもしれない。

さて、ここで当時の井伊領について説明しておこう。

この頃の井伊領は、交通量の多い街道を中心に、他所から商人が活発に進出していた時期だ。領地が発展するのは喜ばしいことだが、ひとつ問題があった。それは、他所から進出した商人が近隣の土地を買い漁っていたことだ。また、井伊領には「銭主《せんしゅ》」と呼ばれる金貸しも増えはじめていた。昔から井伊領にも金貸しはいたが、彼らはその土地の人物であり、小額を貸し付けるような金融業だった。しかし、他所から移住してきた銭主は、高額を気前よく貸すために旧来の銭主を淘汰しつつあったのだ。

当時の井伊領は商人の進出が活発だった。写真は浜名湖北岸・姫街道の気賀関所

領民から徳政令を望む声が高まる

旧来の銭主とは信頼関係で返済が成り立っていたが、移住組の銭主は強引な取り立ても厳しい。この結果、先祖から受け継いできた大事な土地を手放す領民も増えていた。

なお、当時の井伊領で借金していたのは本百姓だけではない。桶狭間の戦いで疲弊した井伊家家臣やその郎党たちも働き手を失い、生活に苦しんでいた。死傷者への補償や失った武具・馬の補充。出費がかさむ一方なのに、収入源である年貢も、本百姓が疲弊していて減収している。

こうした状況下で、領民からは「徳政令実施」を望む声が高まっていた。徳政令とは、債権者や金融業者に対し、土地や屋敷、質入れの契約などを破棄させ、無償で返還させる法令だ。

この徳政令を巡り、当主となったばかりの直虎は綱渡りの攻防を繰り広げることとなる。

いまこそ知りたい

女城主・直虎　～井伊谷徳政令騒動～

徳政令を出せば井伊家は潰れる

生活が困窮するなか、領民たちは徳政令を期待していた。その気持ちは、領主である直虎も痛いほど分かる。しかし徳政令を実施すれば、移住組の新興銭主たちは間違いなく壊滅するだろう。いまの井伊家は、新興銭主の借金によって成り立っている状態だ。彼らを失えば、たちまち井伊家は経営破綻に追い込まれてしまう。

こうした状況は、今川氏真と小野但馬守にとって格好のチャンスだった。直虎に徳政令を出させれば、井伊家を簡単に潰すことができる。もしも徳政令を渋ったとしても、領民を刺激すればいい。一揆に発展すれば、武装蜂起した領民が井伊谷城や新興銭主を襲い、井伊領は大混乱に陥るだろう。一方、但馬守はというと、新興勢力を憎む旧来の商人・銭主と結託し、徳政令実施による直虎の失脚を画策している。

さらに追い打ちをかけるように、氏真は１５６６年に井伊家を含む被官衆に徳政令実施を命令してきた。領民の反乱を恐れ、被官衆が次々と氏真に従うなか、直虎だけは果敢に抵抗していた。自分が当主を継いだのは、井伊家再興のためだ。幾度となく辛酸をなめさせられた今川家に、屈してなるものか。新米当主は、氏真の命令を無視して徳政令の実施を拒み続けていた。

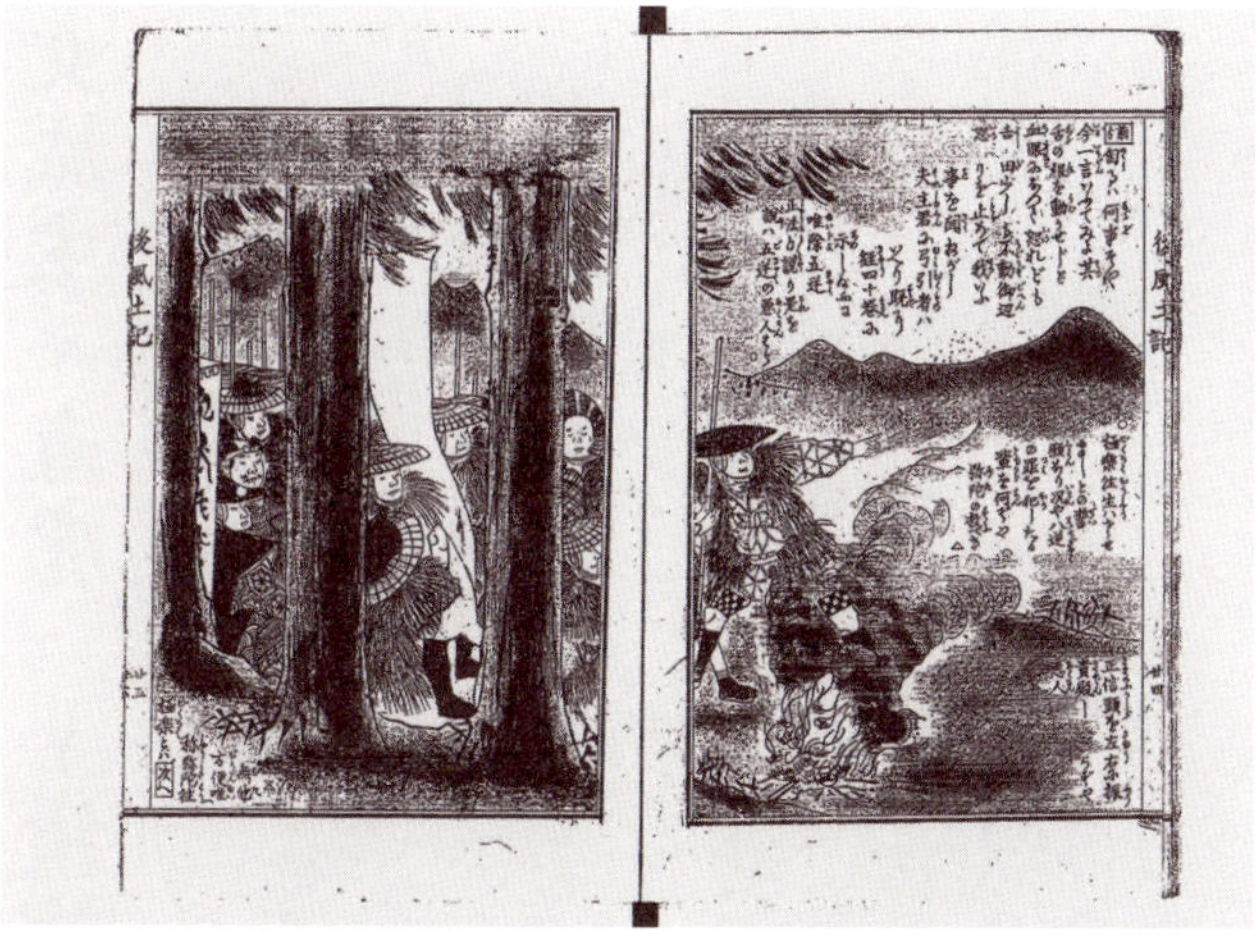

写真：国立国会図書館／『三河後風土記』

1563年には、徳川家康の領地である西三河でも一向一揆が起きていた

領民を必死に説得する直虎

徳政令を停止する間、直虎は領内の説得に奔走したと考えられている。

領民たちに徳政令実施の弊害を説いて回った。もしも徳政令を出せば、必ずやこの領地は今川家に乗っ取られる。先祖代々、私たちが守り続けてきたこの地が、今川家の兵に蹂躙されてもいいのか、と。この地を血で汚してはならない。苦しいのは分かるが、どうか辛抱してくれないか、と。

また、新興の商人・銭主たちとも話し合いの場を設け、徳政令が出た場合でも、彼らの被害を最小限に留める方法を模索した。この結果、新興銭主の代表格・瀬戸《せと》方久《ほうきゅう》は今川家に取り入り、彼が買い取った複数の土地・屋敷の安堵状（権利の保証）を取り付けることに成功している。

領民の怒りを抑えつつ、新興勢力たちの準備期間を与える。直虎は必死で井伊領を守ろうとしていた。

女城主・直虎　～領地の没収～

氏真の最後通牒で無念の徳政令実施

直虎による徳政令凍結は、実に2年以上も続いた。その間、大きな混乱が井伊領に起きなかったのは、ひとえに直虎の努力の賜物と言っていいだろう。

所詮は女地頭と甘く見ていた氏真も、考えを改める必要があった。だが、直虎の力量を認められるほど、氏真は器の大きい人物ではない。業を煮やした氏真は、ついに強攻策に出る。小野但馬守に命じ、井伊領の本百姓や神主らに「徳政令実施の訴え」を今川家に直接提出させたのだ。本来ならば、徳政を訴える場合は在地領主に願い出るのが筋である。しかし氏真は、井伊家を飛び越えて今川家に提出させることで「井伊領の窮状を救う今川家」の図式を生み出したのだ。

１５６８年8月、氏真の重臣・関口氏経によって直虎に最後通牒が突きつけられた。

「遠江守護の名を以《もっ》て、徳政実施を命ずる」

もはや、これ以上の抵抗は不可能だった。凍結を続ければ、反乱とみなされ武力で井伊領が鎮圧されるだろう。井伊家再興は直虎の悲願だが、彼女は井伊領の領主である。領民を守るためには、氏真の要求を飲むほかない。

こうして同年11月、直虎は井伊領に徳政令を布告することとなった。

地頭職の罷免、領地・城の没収

徳政令実施後、直虎を待ち受けていたのは失脚だった。命令無視の不届き、そして統治能力不足と見なされた彼女は、地頭職を罷免《ひめん》された上、領地の没収と城の明け渡しを命じられてしまう。当主を継ぎ、地頭職に就いてわずか4年のこと。井伊家初代当主・共保から500年にわたって守り続けてきた井伊谷は、今川直轄領となった。代官に任命されたのは、案の定、小野但馬守である。

写真：PIXTA

龍潭寺内・松岳院跡地。地頭職を罷免された直虎は、城を追われて松岳院に移った

城を追われた直虎は、母が居住する龍潭寺内の松岳院《しょうがくいん》に移ることとなった。情けなかったが、悲しみに暮れている暇はない。まず優先すべきは虎松の命だ。南渓和尚に相談すると、すみやかに虎松を奥三河の鳳来寺《ほうらいじ》に送り、匿って貰う手はずを整えた。

たとえ自分の命が今川氏に奪われようと、虎松さえ無事ならば……。直虎にとって虎松は、かつて愛した許婚の嫡男であり、井伊家再興の切り札だったのだ。

いまこそ知りたい

女城主・直虎　～今川家の没落～

家康・信玄による今川領同時侵攻

再三にわたって井伊家を苦しめてきた今川家だが、彼らにも終わりのときが近づいていた。

三河国で着実に勢力を伸ばしていた松平元康は、１５６３年に「家康」へと改名。元康は今川義元から授かった名であり、義元の「元」を外したことは、今川家との決別を意味する。さらに、直虎が徳政令を凍結した１５６６年、三河をほぼ手中におさめた家康は「徳川」へと改姓。甲斐国の武田信玄と「今川領の同時侵攻」の密約を交わし、信玄は駿河を、家康は遠江を攻める機会をそれぞれ窺っていたのだ。

そして直虎の地頭職罷免からわずか1ヵ月後の１５６８年12月、ついに信玄と家康による同時侵攻がはじまった。12月６日、武田勢が甲府を出発。井伊谷城を手中に収めたばかりの小野但馬守は、氏真に呼び出され、今川勢の一員として迎撃に向かった。しかし、これを武田勢が打ち破ると、12月13日には駿府へと侵攻。抗戦する軍勢も整わなかった氏真は駿府《すんぷ》を捨てて、忠臣の朝比奈家を頼って遠江の掛川城へと逃げ込んだ。一方、但馬守も井伊谷へと逃げ戻ったが、こちらは徳川勢が侵攻を続けていた。駿府侵攻と同日の13日、井伊谷を攻め込まれた但馬守はあえなく逃走。２日後の15日、徳川勢はゆうゆうと井伊谷城に入ることとなった。

写真：PIXTA

1568年12月、信玄は駿河へ侵攻し、氏真は駿府から掛川城へ逃げ込んだ

小野但馬守の最期

井伊谷入城時に徳川勢を手引きしたのは、近藤康用《こんどうやすもち》、鈴木重時《すずきしげとき》、菅沼忠久《すがぬまただひさ》の「井伊谷三人衆」だ。彼らは、かつて井伊家に従属していた奥三河の武士で、小野但馬守に激しい怒りを燃やしていた。

家康は遠江侵攻に際して三人衆に協力を呼びかけ、ふたつ返事で了承した彼らが中心となり、井伊谷城を攻めたのだ。

なお、このとき直虎は三人衆に「領民や土地に一切の危害を加えないこと」を約束させたという。さらに、但馬守に従う者たちにも抵抗しないよう諭し、無駄な血が流れないよう奔走したそうだ。

その後、但馬守は約4カ月の逃走の末、近藤康用に捕まり処刑された。井伊家を苦しめ続けたものの、実務においては極めて優秀だった但馬守。地頭職に就いた彼女を支えたのも事実であり、そんな宿敵の最期を、直虎は複雑な思いで見届けることとなった。

いまこそ知りたい

女城主・直虎　〜徳川支配下の井伊谷〜

家康、遠江を制圧する

武田勢・徳川勢の駿河・遠江同時侵攻によって、今川家の政治機能は完全に崩壊していた。天命に助けられた格好となったが、ここで直虎は因縁の関係にあった今川家と、ついに袂を分かつときが来たと考えた。

記録には残されていないが、直虎は井伊領に入った徳川家康を丁重に出迎えたと考えられる。家臣を従えて馬を走らせ、わざわざ国境まで赴いて敬意を表したかもしれない。

果たして、直虎と家康の邂逅はどのようなものだったか。家康は、井伊家の当主が女性だと知っていただろうか。家康を出迎えた直虎は、甲冑に身を包んでいただろうか。いずれにしても、家康が井伊谷三人集や井伊家の手引きで侵攻を優位に進めたのだから、きっと直虎が示した恭順の意に対しても好意的に受け取ったに違いない。

さて、１５６８年12月15日に井伊谷城に入った徳川勢は、18日には勢いそのままに引馬城を制圧。さらに続けて26日からは今川氏真が逃げ込んだ掛川城の攻略を開始した。５カ月以上にわたる籠城戦の末、１５６９年５月17日、ついに氏真が降伏。家康による遠江制圧が完了し、統治権を失った今川家は、事実上の滅亡となった。

写真：PIXTA

籠城していた氏真だったが、徳川勢に降伏したことで今川家は事実上の滅亡となった

直虎は居館本丸に戻った？

家康が遠江の支配者となると、井伊谷城は井伊谷三人衆が管理することとなった。

この間、直虎や井伊家家臣たちの待遇がどうだったのかは、明らかになっていない。ただ、井伊家一族は各々の所領に戻ったと考えられている。もちろん、三人衆に譲渡した領地もあっただろうが、すべてを没収されるような冷遇はなかったと思われる。

三人衆のうち、鈴木重時と菅沼忠久は井伊直親の家臣だった過去を持つ。このため、直親の遺児である虎松に対する情愛も強く、彼の後見人である現当主・直虎にも敬意を払ったことだろう。

こうした推察から、松岳院に身を寄せていた直虎も、井伊谷城の居館本丸に戻ることができたのではないだろうか。地頭職を罷免されたとは言え、直虎に対する領民の信頼は厚い。三人衆と直虎は、互いに協力しながら井伊谷の安定に努めたと考えられる。

いまこそ知りたい

女城主・直虎　～井伊家再興の準備～

虎松の母に再婚を勧めた直虎の真意

混乱の続いた井伊谷に束の間の平穏が訪れるなか、三河国の鳳来寺に匿われた虎松の身辺には大きな変化が起きていた。それは、虎松の母（直親の妻）の再婚である。

『井伊家伝記』によれば、この再婚は直虎が勧めたものだと記されている。再婚相手は、三河国松下郷にルーツを持つ、松下家の源《げん》太《た》郎《ろう》清《きよ》影《かげ》。再婚時期は不明だが、清影は伊那谷から直親（当時は亀之丞）が帰国した際に付き従った旧臣とのことで、直親が誅殺された際には虎松母子を新野屋敷に匿うなど、古くから彼らを警護していた人物だという。

直虎が再婚を勧めた理由は、大きくふたつあったと考えられる。ひとつは、若くして未亡人となった虎松の母を思いやったこと。そして、もうひとつは虎松を守ることだった。後者の方が理由としては重要だったかもしれないが、今川氏が滅亡したとは言え、まだまだ親今川派は多く、虎松に危害が及ぶ可能性があった。そこで、再婚によって虎松に松下姓を名乗らせれば、彼が身を隠しやすいのではと考えたのだ。結果として、再婚は勧めたというよりも命令に近かったかもしれない。政争に結婚を利用するのは、同じ女性として申し訳ない気持ちもあっただろう。しかし、井伊家当主として、虎松の後見人として、直虎が何よりも優先したのは虎松の安全確保だった。

写真：PIXTA

虎松が匿われた鳳来寺。虎松は8歳から14歳まで、この鳳来寺で育てられた

家康と信玄の睨み合い

今川家の滅亡後、直虎はすぐにでも虎松を呼び戻したかったが、はやる気持ちを抑え、鳳来寺に置くことを選んだ。というのも、徳川家康の遠江支配が盤石とは言えなかったからだ。今川領侵攻のため、家康と武田信玄は一時的に手を組んだ。しかし、その後は再び覇権を争う敵同士へと戻っていたのだ。

1570年6月、家康は三河の岡崎城を嫡男の信康に譲り、自身は引馬に留まった。そして同地を浜松と改名すると、引馬城を改修した浜松城を本拠とし、遠江支配の地盤固めを開始。一方、駿河を手中に収めた信玄は、次なる狙いを遠江に定める。遠江の東西に軍勢を配置し、挟み込むように侵攻を進めていた。

井伊谷が戦渦に巻き込まれる可能性が高まり、否応なしに緊張が走る。領内には武田方と思われる間諜が紛れ込み、情勢を探っている。こうした状況のなか、直虎は虎松を呼び戻す機会を見定めていた。

いまこそ知りたい

女城主・直虎　〜井伊谷の焼き討ち〜

武田勢に敗走する井伊谷三人衆

１５７２年、上洛を目指す武田信玄は、将軍・足利義昭の要請を受けて織田信長討伐のために挙兵した。目下の敵は、信長と同盟を組む遠江・徳川家康だ。信玄と家康の戦いは主戦場となった地名から「三方原の戦い」と呼ばれるが、この一連の戦いに井伊家一族も巻き込まれてしまう。

同年10月、信玄は2万を超える大軍を率いて信濃経由で北部から遠江に侵入。待ち受ける徳川勢をことごとく退け、二俣城を包囲していた。

一方、武田本隊の別働隊・山県昌景の軍勢は、東三河から鳳来寺街道を進んで遠江を目指していた。この街道は山吉田《やまよしだ》、井平、井伊谷を経由し、三方原へと続く。山吉田の居城を守るのは井伊谷三人衆の鈴木家だが、鈴木重時はすでに他界しており、家督を継いだのはまだ15歳の重好だった。山県勢の兵力に押された重好は、人質を出して開城すると井平城に退いた。さらに山県勢は、密かに重好を追跡して井平へと進軍。井平の地は井伊領の北の要所であり、井平城には三人衆の近藤家と菅沼家が応援に駆けつけていた。

決戦を覚悟した井平勢は、井平城の北西に位置する鳳来寺街道の難所・仏坂で山県勢と衝突。しかし、兵力に勝る山県勢に討ち破れ、三人衆は浜松城へと敗走することとなった。

写真：PIXTA

三方原古戦場。三方原での大敗は、家康の生涯で最大の敗戦とされる

全焼した龍潭寺

山県勢は街道を進んで二俣城を包囲する武田本隊に合流したが、その道中で蹂躙されたのが井伊谷だ。民家を襲撃し、周囲に火を放ちながら進軍する山県勢。城も兵力も持たない直虎は、ただ黙ってその様子を眺めることしかできなかった。襲撃された恐怖よりも、己の無力を悔やむ気持ちの方が強かっただろう。周辺から立ち上る煙を見つつ、井伊家の歴代当主と領民に心の中で頭を垂れたに違いない。

なお、通説では１５７３年１月、武田本隊によって龍潭寺が焼き討ちされたと言われるが、この山県勢の進軍時に龍潭寺が焼かれたと見る識者もいる。

ともあれ、井伊谷は戦渦に巻き込まれ、龍潭寺も全焼したのは事実だ。

直虎は南渓らと協力し、火の手から領民を逃がすことに必死だった。武田勢が去ったあとには、焼け野原となった変わり果てた井伊谷の姿があった。

いまこそ知りたい

女城主・直虎　～虎松の家康出仕～

徳川領となった井伊谷

１５７２年12月22日、武田勢と徳川勢が衝突した三方原の戦いは、武田勢の圧勝に終わった。大敗を喫した家康は、命からがら逃げ延び、浜名湖北岸で越年。その後、武田信玄は三河の野田城を落とすなど西上作戦を進めたが、信玄が発病したことで武田勢は長篠城に後退。そして１９７３年４月、信玄の病没によって武田勢は撤兵を余儀なくされたのだった。

強敵の急死に勢いを取り戻した家康は、武田の残存兵を一掃しつつ奥三河の奪回や駿河へと進出。混乱した領地の再興を進めるなかで、井伊谷を含む引佐《いなさ》郡全域は徳川領となった。これに伴い、直虎は領主の座を完全に失った格好となった。しかし、彼女はおぼろげとなった井伊家再興の不安を心の底にしまい込み、全焼した井伊谷の再建を目下の使命とした。

それから2年後の１５７４年12月14日。少しずつ再建が進んでいた龍潭寺で、直親の13回忌が行われた。鳳来寺から呼び寄せられた虎松は14歳になっていた。後見人である直虎は、逞しく成長した虎松を見ながらふと思う。井伊家が衰退するなか、虎松を埋もれさせてはいけないのではないかと。南渓らとともに虎松の今後について話し合う。やはり、家康のもとに出仕させるのが一番だろう。虎松を出仕させる機会を窺い、これより直虎は頭を巡らせることとなる。

写真：PIXTA

鷹狩り好きだった家康。過去の大敗を忘れぬように三方原での鷹狩りを好んだという

鷹狩りで出会った家康と虎松

直虎は、帰還した虎松を母の再婚相手である松下源太郎の養子にして浜松に住まわせることにした。

この目的はふたつある。ひとつは、松下姓を名乗らせ、井伊谷から遠ざけることで虎松の身を守ること。そしてもうひとつは、松下家の名前を利用することで虎松が家康と接触させることだ。

松下源太郎の弟である常慶は、各地で諜報活動を行う修検者であり、家康に重宝されていた。また、奇しくも南渓と常慶は源太郎が再婚する前から交流がある。こうした縁を利用して、直虎は虎松が家康に対面できる場をつくり出そうと考えたのだ。

かくして舞台は整った。1575年2月、鷹狩りに出た家康を、さりげなく源太郎が待ち受けた。養父に連れられた虎松の姿が、家康の目に留まる。家康の御眼鏡にかなった虎松は、晴れて家康に召し抱えられることとなった。

いまこそ知りたい

女城主・直虎 〜万千代の出世〜

「井伊万千代」の誕生

家康が虎松を召し抱えた際の逸話は複数の文献に残されており、『井伊家伝記』では次のような内容だ。鷹狩りの際、家康は松下源太郎の養子・虎松を見出し、召し抱えることに決めた。そして浜松城に連れて虎松から話を聞き、そこで初めて直親の息子と知って驚いたという。

直親と言えば、小野但馬守による「家康と内通」の讒言《ざんげん》で今川氏真に誅殺された男だ。数奇な縁と境遇に同情した家康は、虎松に自らの幼名「竹千代《たけちよ》」から千代を取った「万千代《まんちよ》」の名を与えた。さらに、松下姓ではなく井伊姓に戻ることを認め、３００石を授けた。

直虎は万感の思いだった。振り返れば、彼女の半生は井伊家にとって激動の時代だった。今川家の陰謀によって、次々と男衆の命が奪われた。女ながらに当主の座に就くこととなったが、今川に屈してわずか4年で地頭職を罷免された。さらに、戦禍に巻き込まれた井伊谷は焼け野原となった。自分の運命を呪ったこともあったが、それでも彼女は井伊家再興を使命に戦乱の裏で戦い続けた。そのすべてが、虎松の出仕で報われた気がした。

何より、井伊姓に服することが認められたことが嬉しい。最期の希望だった虎松に、井伊家の明るい未来を願わずにはいられなかった。

家康に見出された虎松は浜松城で出自を語り「万千代」の名を授かった

井伊谷の領地を取り戻す

井伊家当主にして後見人である直虎の思いに、万千代は見事に応えることとなる。

家康に仕えて1年後の1576年2月7日、家康が柴原で武田勢と対峙していたときのこと。夜、陣営で就寝していた家康の寝所に、間者数人が忍び込んだ。これに気づいた万千代は、間者を撃退して家康の命を救ったのだ。この恩賞として、万千代は3000石に加増されたばかりか、旧井伊領を拝領。井伊谷の領地が、再び井伊家に帰ってきたのだ。

その後も、万千代は武功を挙げ続けた。1578年には駿州田中城攻めで手柄を立てて1万3000石に。さらに1580年には2万石に加増され、井伊家の石高は直盛時代と同等にまで回復していた。やがて、山中で静観していた井伊家の分家も、万千代のもとに集まるようになる。次期当主の目覚ましい活躍に、直虎は目を細めつつ、役目を終えたような思いだった。

いまこそ知りたい

女城主・直虎　〜直虎の最期〜

母の死で緊張の糸が切れた直虎

1578年7月25日、直虎の母・祐椿尼《ゆうちんに》が松岳院で亡くなった。祐椿尼は夫・直盛が桶狭間の戦いで戦死したあと、南渓のもとで出家して松岳院で暮らしていた。彼女もまた、激動の井伊家を守り続けてきた、たくましい井伊家の女のひとりだった。

ひとり娘の直虎が地頭職を継いだときには影ながら支え、娘が城を追われて松岳院に移ったときには、消沈する娘を温かく励ました。井伊家再興の重圧を一身に背負い続けた直虎にとって、唯一の肉親である祐椿尼は数少ない心の拠り所だった。そんな母の死に、彼女は深い悲しみに暮れた。

このとき、すでに万千代が頭角を現していたことから、当主・直虎としての緊張の糸が切れてしまったのだろうか。母を失った彼女は龍潭寺に籠もる時間が増えていき、やがては病気がちになっていった。

1582年6月2日、本能寺の変によって織田信長が暗殺されると、空白地帯となった旧武田領を巡り、徳川家康・北条氏直・上杉景勝らが争う「天正壬午《てんしょうじんご》の乱《らん》」が勃発。8月には甲斐国・若神子に陣を張り、徳川勢と北条勢が対峙していた。もちろん、この戦いには万千代も出陣していたが、この間の8月26日、井伊谷では病床の直虎が息を引き取ることとなった。

写真：PIXTA

井伊家墓所。左に並ぶ五輪塔の奥から順に、祐椿尼・直虎・直親の墓だ

最愛の母と元許婚に挟まれて眠る

出生年が不明のため、直虎の享年は定かでないが、おそらく50歳前後と思われる。母と同じく松岳院で生涯を終えたが、おそらくその最期を南渓和尚が看取ったことだろう。

なお、直虎の訃報が陣中の万千代に伝えられたかは不明である。戦場で動揺しないように伏せられたかもしれないが、たとえ養母の死を知ったとしても、万千代は気丈に振る舞ったに違いない。身内の死を幾度となく乗り越えてきた、直虎の後継者なのだから。

直虎の法名は「妙雲院月舩祐圓大姉」（南渓の記録帳によれば「月泉祐圓定尼」）。遺骸は龍潭寺に埋葬され、その墓は現在も井伊家墓所に残されている。

龍潭寺の西側に位置する墓所は、井伊家歴代当主とその妻達が眠る。直虎の墓は母・祐椿尼と元許婚・直親に挟まれ、木漏れ日が射す穏やかな場所に、ひっそりと佇んでいる。

いまこそ知りたい

その後の井伊家　～直政の大出世～

武力と政治力に優れた直政

直虎の死から3カ月後の1582年11月、万千代は22歳で元服することとなった。当時の男は15歳前後で元服をするのが一般的だったというから、異例の遅さと言える。

万千代の元服が遅れた理由は、一説によれば「直虎への配慮」と考えられている。実母のように可愛がってくれた直虎を、彼は心から尊敬していた。そんな彼女が当主として過ごした期間は、井伊家にとってあまりに辛いものだった。だからこそ、井伊領を取り戻したいま、少しでも長く井伊家の当主として平和を噛みしめて欲しい……という〝親孝行〟だった。

しかし彼女亡きあと、元服しない理由はない。家康から「直政」の名を与えられた彼は、2万石から倍増の4万石に加増され、晴れて井伊家の当主となった。

ここまで武功によって石高を加増してきた直政だが、彼は政治手腕も極めて優秀だったという。天正壬午の乱では徳川の使者として北条家との講和交渉を担当し、元服後は武田遺臣や新参家臣の配属を取り仕切る奉行役を任された。当時、直政が発給した安堵状が数百通も残されており、戦以外でも精力的に任務をこなしていたようだ。

写真：PIXTA

井伊直政像。赤塗り甲冑の精鋭部隊・赤備えを率いて「井伊の赤鬼」と呼ばれた

徳川四天王のひとりに数えられる

その後、直政は武田遺臣を配下としたことから武田家の赤備えを引き継ぎ、「井伊の赤鬼」の異名で諸大名から恐れられる勇将となる。

１５９０年には家康の関東移封に伴い、直政は上野国箕輪城《みのわじょう》（群馬県高崎市）の城主に。徳川一門を除く家臣のなかでは最高となる12万石を与えられた。この頃になると、直政は酒井忠次《さかいただつぐ》、本多忠勝《ほんだただかつ》、榊原康政《さかきばらやすまさ》と並ぶ「徳川四天王」に数えられ、ちまたでもてはやされるほどの名声を得ていた。

そして１６００年の関ヶ原の戦いでは、忠勝とともに東軍の中心的存在として活躍。戦後処理でも家康の天下取りの地盤を固めるために奔走し、１６０１年に軍事・交通の要衝として知られる近江国佐和山（滋賀県彦根）18万石を獲得。家康の片腕として、直政は大出世を果たすこととなった。

いまこそ知りたい

その後の井伊家　～彦根藩の井伊家～

志半ばで直政死す

1602年1月、井伊直政は関ヶ原の戦いで受けた鉄砲傷から破傷風を患い、闘病の甲斐なくこの世を去った。享年42。天下泰平を直前に控えた、無念の死である。

直政が入城した佐和山城は戦乱で朽ち果てていたため、生前の彼は新城を築く計画を立てていた。彼の遺志を汲み、1604年に新城「彦根城」の建設開始。第2期工事が終了した1606年、天守の完成により直政の嫡男・直継が入城。彦根城主、そして彦根藩が誕生した瞬間であり、これより彦根藩井伊家としての新たな歴史が紡がれていく。

「祈るぞよ　子の子の末の末までも　守れ近江の国つ神々」

この歌は直政の時世の句とされ、彼の願いの通りに彦根は全国屈指の発展を遂げることとなる。幕府の以降により、彦根藩の藩主は直政の血筋に限定されたが、その多くが幕府の要職に就いている。なかでも、その重用を決定づけたのは彦根藩2代藩主の直孝だ。なお、彦根藩主は直政を初代藩主とするが、その後の数え方は諸説ある。直政の家督を継いだのは嫡男の直継だが、家康から実力不足と判断された彼は、ほどなくして異母弟の直孝に家督の座を譲っている。このため、直継を2代藩主とする説もあるが、ここでは直孝を2代藩主として数える方法を採用する。

写真：PIXTA

東京都世田谷区の豪徳寺。2代藩主・直孝が創建し、彦根藩井伊家の菩提寺となった

大老の家として徳川幕府を支える

家督を継いだ直孝は徳川歴代将軍の補佐役に抜擢され、のちに最高職となる「大老」のはじまりとなるポストに就いた人物だ。

直孝の代に井伊家は3度の加増を重ねて30万石に。さらに幕府領5万石を預かり「彦根35万石」と称される譜代大名《ふだいだいみょう》随一の存在となった。

大老職は非常置で、幕末までに計13人が就任しているが、このうち6人を彦根藩主から輩出（直孝《なおたか》、直澄《なおすみ》、直興《なおおき》、直幸《なおゆき》、直亮《なおあき》、直弼《なおすけ》／ただし直孝、直澄の頃は大老という名称ではなかった）。このため、井伊家は「大老の家」として栄え、幕府が潰えるまで徳川を支え続けたのだ。

井伊家の重用からは「直政の血筋」が徳川に特別視されたことが窺える。根絶の危機から井伊家を救った直政。彼の出世の根底には、出仕を後押しした直虎の尽力があったことは言うまでもない。

column.2

井伊家の家紋

井伊家の家紋は定紋が「橘紋《たちばなもん》」で替紋が「井桁紋《いげたもん》」だ。どちらも由来は初代当主・共保が関わっている。

共保は井戸から生まれたという伝説が残っていることから、井戸の上部構造である「井桁」が替紋《かえもん》に使われている。「井伊の赤虎」の異名で諸大名から恐れられた井伊直政は、旗印に井桁紋をあしらっていた。朱地に黄金色で井桁が描かれ、ひと目で井伊家だと分かる。なお、当時の旗は彦根城博物館に保管されている

一方、橘紋の由来は『井の国千年物語』に記録されている。同文献によれば、共保の先祖は記紀神話に登場する田道間守《たじまもり》で、彼は不老不死の果実「橘の実」を常世国から持ち帰ったという。

田道間守を始祖とする三宅家は、のちに井伊谷に住み着いて「井端谷」姓を名乗った。この井端谷３代目の娘が「共保の母」という説があり、三宅家の家紋が橘紋だったことから、井伊家も橘紋になったそうだ。

また、共保の井戸誕生説では、共保が発見された井戸の近くに橘があったと伝えられている。

写真：PIXTA

井伊家の始祖・共保出生の井戸には橘紋と井桁紋、ふたつの家紋が刻まれた記念碑が置かれている

いまこそ知りたい

第2章

井伊直虎という人物

いまこそ知りたい

直虎はいつ生まれたのか？

直虎は許婚・直親よりも年上だった!?

史料の少なさゆえに、井伊直虎は多くの謎を抱えている。

そもそも誕生年からして不明なのだが、果たして彼女はいつ生まれたのだろうか。類推の域を出ないが、手がかりとなるのは直虎の許婚だった直親（亀之丞）である。

直親は１５６２年12月14日、27歳の若さでこの世を去った。小野但馬守の讒言《ざんげん》によって松平元康（徳川家康）との内通を疑われ、弁明のために駿府へ向かう道中、今川家重臣の朝比奈泰朝に襲撃されたのだ。享年から逆算すると、直親の誕生年は１５３５年ということになる。直虎と直親は幼馴染みだったため、直虎の誕生年もこの前後と見る向きが強い。では、直親と同い年だったのか、あるいは年下か年上だったのか。直親は９歳のときに信濃・松源寺に匿われたが、その後、いつ直虎が龍潭寺で出家したかによって年齢は変わってくるかもしれない。

もしも、直親と分かれてすぐに出家を決意したとしたら、10歳にも満たない少女がそのような大きな決断を下せただろうか。この場合、彼女は直親よりも２～３歳ほど年上だったと考えるのが打倒だが、これはもちろん推測に過ぎない。だが、もしも年上だったとしたら、幼少期の直虎は直親を弟のように可愛がっていた……などと想像すると、直虎の新しいイメージが生まれてくる。

写真提供：浜松市

直虎が鐘を寄進した福満寺薬師堂。彼女の出生地はこの付近だったのかもしれない

出生地にも疑問が残る

また、直虎の出生地についても考えてみたい。

1章でも記した通り、通俗では「井伊谷城の居館本丸で生まれた」と言われている。

しかし当時、井伊家は今川家の傘下に入っており、本城である三岳城は奪われたままだった。三岳城の管理は今川の命によって奥平貞昌が任されていたが、もしも貞昌が井伊谷全体の管理も行っていたら、当時の井伊家が井伊谷城で暮らしていたとは考えにくい。

直虎が家督を継いだ際、彼女は川名にある福満《ふくまん》寺《じ》薬《やく》師堂《しどう》に梵鐘を寄進したという。川名は分家・井平家の支配圏で、当時の当主だった直平の墓もここ置かれている。なぜ、直虎は福満寺に寄進したのか？　特別な思いを寄せるとしたら、それは出生地だからという可能性も考えられる。もしかしたら、三岳城を脱した井伊家は井平家に身を寄せ、そこで直虎も生まれたのかもしれない。

いまこそ知りたい

「次郎法師」という名前

直虎の還俗を望んだ両親

許婚と離ればなれになった直虎は、龍潭寺に出家して「次郎法師」の名を南渓和尚から授かった。しかし、この名は尼名ではなく男性につけられる僧名である。

『井伊家伝記』によれば、直虎が出家を決意した際、彼女の両親は南渓に「どうか尼の名前だけはつけないでくれ」と懇願したという。あくまで慣習だが、当時は尼になった女性が還俗することは難しかったそうだ。一方、出家した男性が還俗して戻ってくることは珍しくなかった。というのも、戦乱の世は、いつ嫡男が落命するかは分からないからだ。世継ぎが亡くなり、出家した二男が呼び戻されるということはたびたびあったのだという。

つまり、娘の出家をあきらめきれない父・直盛は、いつでも娘が還俗できるように、戻りやすいように僧名を願ったのだろう。

これに対し、直虎は「ぜひとも尼名をお願いします」と南渓に申し出たそうだ。彼女は並々ならぬ覚悟で出家を決意した。いつか還俗できるといった甘えは自分自身が許すことができず、退路を断つつもりで尼名を望んだのだ。しかし、南渓は「次郎法師」の僧名を与えたわけだが、ここに井伊家の頭脳とも言える彼の知恵が効いている。

南渓の機転で僧名を与えられた直虎は「次郎法師」として龍潭寺に出家した

板挟みになった南渓の機転

井伊家の嫡子は、代々「備中次郎」という通称を名乗ってきたが、これは当主の嫡子だけに許された名だ。だとすれば、当主・直盛のひとり娘である直虎にも名乗る権利はある。しかし、彼女が出家するというのならば、その証である「法師」と掛け合わせて「次郎法師」と名乗れば良い。南渓はこのように直虎を説き伏せたのだ。

いささか強引な方便だったが、南渓の巧みな話術によって、直虎も「宗家の嫡子なのだから仕方ない」と受け入れることとなった。

この結果、直虎に還俗の道が残された。両親は南渓に感謝したが、南渓自身も胸をなで下ろしたかもしれない。現時点で井伊家を継げる可能性があるのは、生きて帰れるか分からない亀之丞（直親）とこの直虎だけだ。南渓は万が一に備え、直盛とは別の理由で彼女に還俗の道を残したのだ。

いまこそ知りたい

「直虎」の名に込められた意味

現存する「直虎」表記はひとつだけ

直親と直平が相次いで亡くなり、地頭職に就いていた分家の中野信濃守も引馬城で戦死してしまった。井伊家一族一門で地頭職を任せられる男はひとりもいなくなり、残された道は出家していた〝次郎法師〟を呼び戻すことだけだった。結果、次郎法師は「直虎」を名乗り、女地頭として井伊家を支える役目を担うこととなる。

ただし『井伊家伝記』をはじめ、井伊家の史料には「彼女が直虎を名乗った」という事実を証明するものはない。では、なぜ彼女は井伊直虎として現在に知られているのか。その理由は、蜂前《はちさき》神社に保管されている「直虎」の花押だ。

花押とは、署名の代わりに使用される「図案化された自署」だ。偽作を防ぐ目的があり、自分が発給した文書の証明となる。蜂前神社には、直虎が井伊谷の徳政令に踏み切った際の文書が保管されていて、そこには「次郎直虎」の署名とともに直虎の花押が記されている。

直虎の名が記された史料はこの文書のみであり、これが彼女が「井伊直虎」と呼ばれる唯一の理由だ。当時、花押は身分のある男性が用いたため、これにより直虎が男性として振る舞っていたことがわかる。

写真提供：浜松市

「直虎」の花押が記された唯一の文書を保管している蜂前神社

名前から伝わる虎松への愛情

では、直虎という名は誰がどのような理由でつけたのか。こちらも記録が残っていないために推察となるが、おそらく次郎法師と南渓和尚が相談して決めたと思われる。

「直虎」は、井伊家の男に代々に受け継がれてきた通字「直」に「虎」を加えた何とも勇ましい名前だ。

虎は直親の嫡男・虎松から拝借したと考えられる。『井伊家伝記』によれば、直虎は家督を継いだ際、虎松の後見人となった。彼女は、あくまでも自身の家督を「虎松が当主となるまでの中継ぎ」と捉えていたのではないだろうか。

もしかしたら彼女は、虎松が元服した暁には「直虎」の名を譲るつもりだったかもしれない。結果から言えば、虎松は「直政」を名乗ったわけだが、彼女が虎の字を組み込んだ裏側には、そんな思惑を感じずにはいられない。

いまこそ知りたい

女地頭という立場

女地頭そのものは珍しくない!?

「女地頭」「女城主」「女領主」「女当主」――。

直虎の肩書きに必ずと言っていいほど冠される「女」の文字は、彼女がその役職を担うことが、どれだけ特殊だったかを意味している。

地頭職とは、もともと平安時代に置かれた荘官《しょうかん》だった。荘園を管理するため、朝廷や公家などの在京領主が現地に置いた役職だった。しかし、鎌倉時代に入ると朝廷ではなく幕府が地頭を配置するようになり、租税の徴収、警察権、裁判権など行政官の役割も果たすようになる。そして南北朝以降は荘園の解体が進み、地頭たちは勢力を増して領主化していった。

直虎は家督を継ぎ、地頭職を任されることとなったが、実は女地頭自体は決して珍しくない。夫の死後、妻は髪を削いで後家尼となったが、このとき亡き夫から地頭職を受け継いだ場合は「地頭《じとう》尼《あま》」と呼ばれた。実務に関しても家臣のサポートがあっただろうし、権力を手にして勘違いでもしない限り、問題なく従事できたのだ。ただし、直虎のように「未婚の尼」が地頭になったという例は、極めて特殊だったと考えられる。

女であることを隠さなかった!?

また、女地頭となった彼女は「直虎」を名乗ったが、しばしばこの理由として「女性であることを隠し、男性名を選んだ」と説明される場合がある。

しかし当時の井伊家は、家督と地頭を継ぐ際には遠江の守護たる今川家の承認を得る必要があった。井伊家には今川と繋がっている小野家がいたため「次郎法師」や「直虎」を名乗ったところで、その人物が女だということは分かりきっていたのだ。

近隣を牽制したとしても、当時はどこの国にも間者が入り込んで内情を探っていた時代だ。女であることを隠しきれるわけがなく、彼女が「直虎」を名乗ったのは、先にも述べた通り「虎松の後見人」を意識した命名だった可能性が高い。以上の理由から、家督を継いだあとの彼女は、男装することもなく、女性として自然な服装で過ごしていたと考えられる。

写真提供：龍潭寺

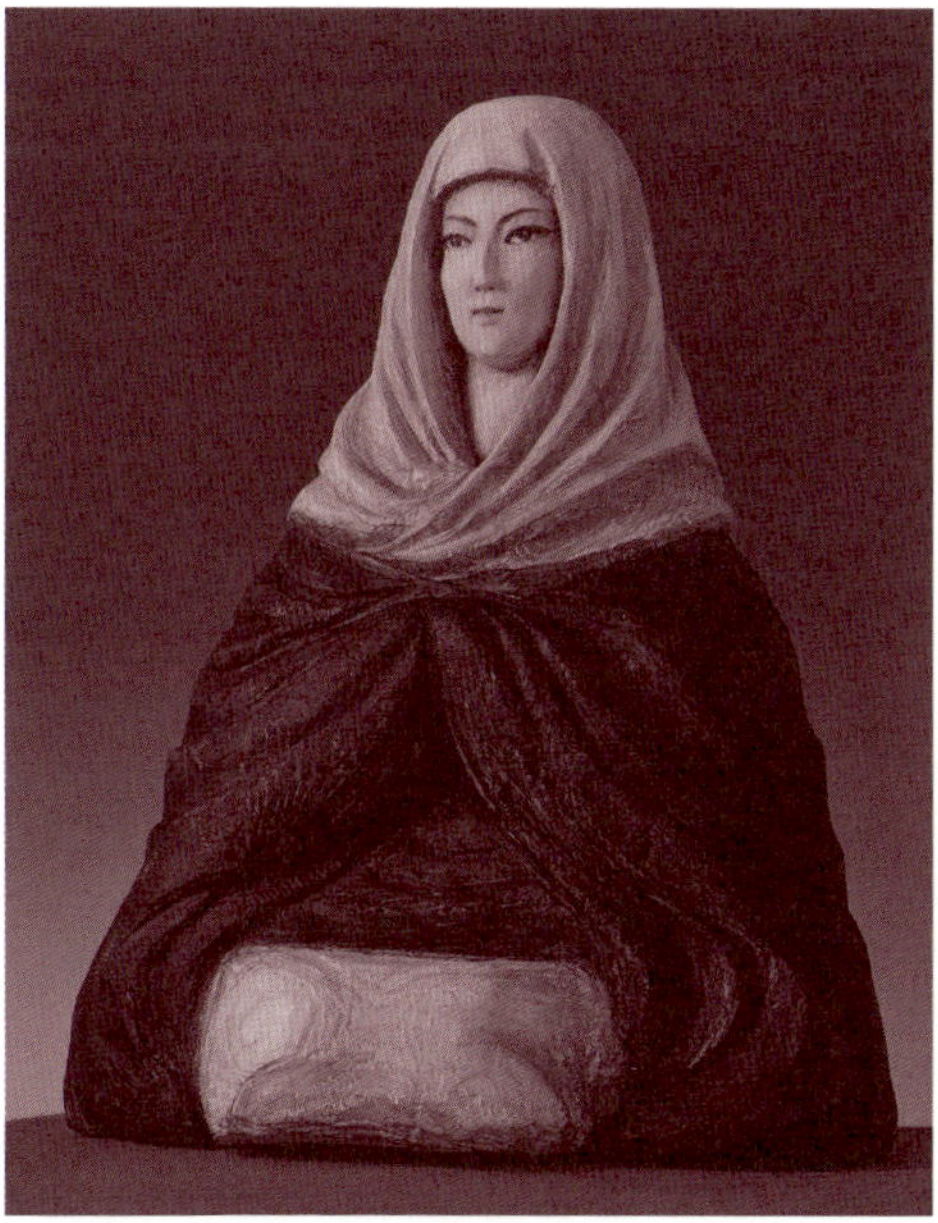

龍潭寺に寄贈された「井伊直虎像」。直虎は世にも珍しい「未婚の地頭尼」だった

いまこそ知りたい

直虎が受けた教育は？

地頭職罷免後に活かされた裁縫技術

直虎はひとり娘の嫡子だが、当初、父・直盛を含む井伊家の人間は、彼女に家督を継がせることなど微塵も考えていなかったはずだ。このため、幼少期の彼女はいわゆる一般的な武家の娘と同じ教育をほどこされたと思われる。

当時、武家の娘の教育は、裁縫と一般教養が基本だった。彼女も例外ではなく裁縫を習っていたが、はからずも家督を継いだことで、地頭時代の彼女が裁縫技術を発揮する機会は少なかったかもしれない。

しかし、地頭職を罷免されたあとの直虎は、移り住んだ松岳院で立派な晴れ着の小袖を仕上げ、虎松に贈っている。この晴れ着は、虎松が家康に初めて対面する日のために用意されたものだ。愛息を思う母の気持ちで、幸せを噛みしめながら縫い上げたに違いない。

このほか、一般教養としては礼儀作法や習字を学んだはずだ。また『源氏物語』や『伊勢物語』といった名著を嗜むことも教養のひとつとされた。

幼い頃の直虎もこれらの本に触れ、男女の恋愛が描かれた部分を読んでは、頭の中で自分と亀之丞に置き換えつつ、一喜一憂したことだろう。

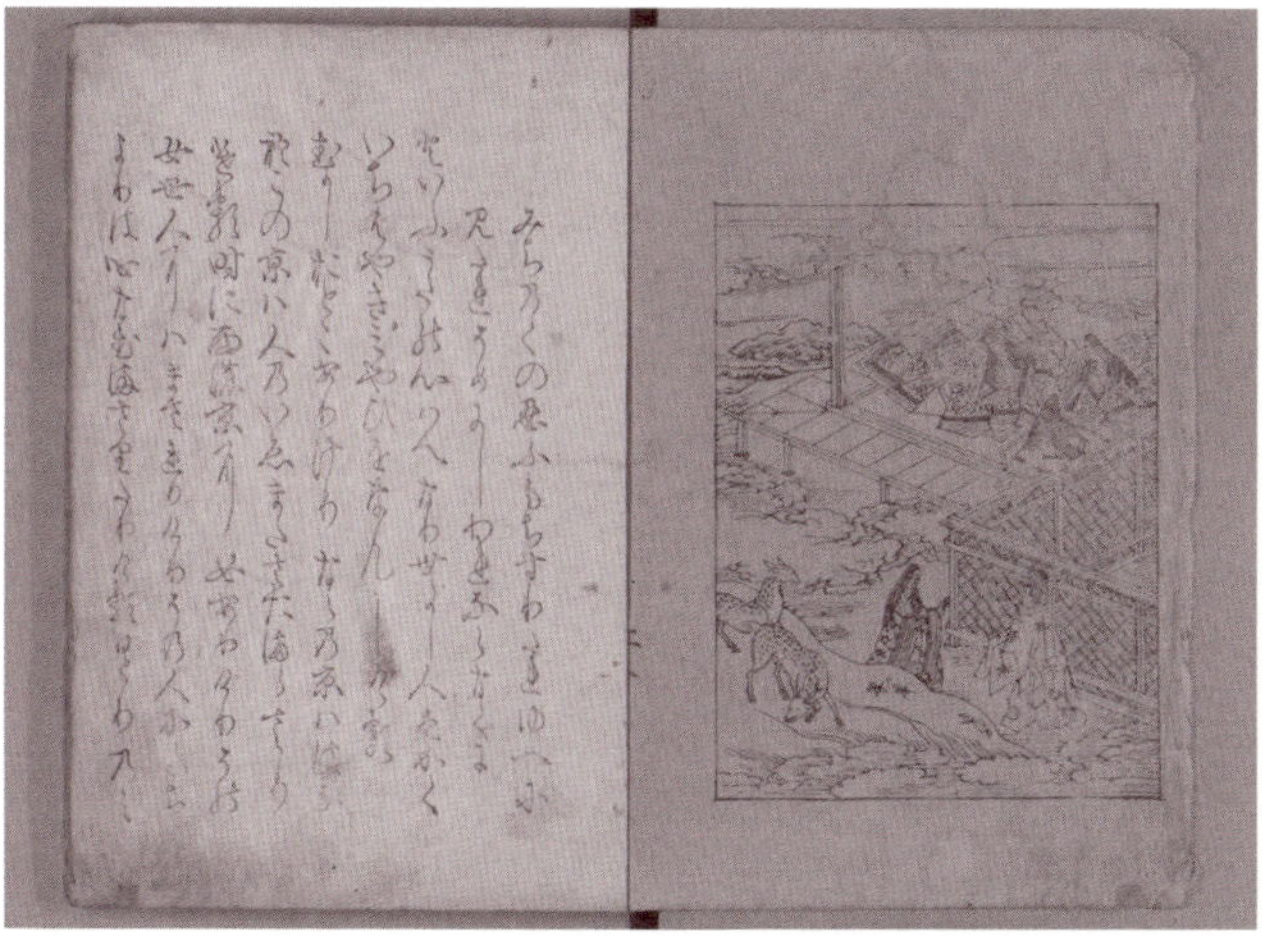

写真：国会図書館／『伊勢物語 上巻』

名作を読むことが教養のひとつだったが、直虎は龍潭寺の漢書にも触れていた

出家時代の教養が直虎を成長させた

一方、出家後の直虎はこうした一般的な教育から離れ、より深い教養を身につけた可能性がある。

というのも、彼女が出家した龍潭寺は臨済宗妙心寺に属する由緒ある寺で、漢書などの貴重な文献も豊富だったからだ。残念ながら、武田本隊の焼き討ちによって多くの文献が失われたため、実際にどのような漢書が置かれていたかは不明だ。しかし、天文学や土木・建築、算術、医学、兵法といった幅広い分野の漢書があったと予想され、直虎が学ぶ気さえあれば、これらの知識を吸収できる環境にあった。

若くして出家した直虎は、一般的な武家の娘だったら不要とされる学問や知識にも数多く触れた。この経験は彼女を大きく成長させ、また仏事に励むことで精神的にも鍛えられたことだろう。

これら出家時代に得たものは、当主・直虎の行動に少なからず活かされたはずだ。

いまこそ知りたい

直虎は還俗したのか？

未婚が物語る還俗しなかった可能性

家督を継いだ直虎だったが「果たして還俗したのか」という疑問が残る。

彼女が出家を決意したとき、両親は尼名だけは与えてくれるなと南渓に懇願した。南渓もまた、井伊家の将来を考えて彼女に僧名を与えることにした。両親と南渓の理由は異なるが、直虎に僧名を与えたのは「還俗の道を残す」ためである。

では、なぜ還俗の道を残したのかと言えば、結婚して世継ぎを生むことが望まれたからだろう。両親は、若くして出家を決意したひとり娘を不憫に感じた。亀之丞が無事に帰還するかもしれないし、帰還しなかったとしても、また別の男性との出会いがあるかもしれない。とくに母は、女性としての道を断とうとする娘を、何とか思いとどまらせたかったはずだ。

一方、南渓は亀之丞にもしものことがあった場合、再び直虎が必要になるとの考えだろう。まさか、当時、家督を継がせることまでは想像していなかったかもしれない。だが、当主のひとり娘として、別の男性と結婚し、世継ぎを残す必要がある。そんな青写真を描いたのではないだろうか。

しかし結論から言えば、直虎は家督を継いだものの、生涯を通じて結婚することはなかった。これは、彼女が還俗せずに僧体のまま家督を継いだ証明かもしれないのだ。

写真：国会図書館／『絵本太閤記 上』

今川義元は桶狭間で戦死したが、還俗後に結婚して嫡男・氏真を残していた

還俗した武将は結婚して世継ぎを残した

上杉謙信や武田信玄は、家督を継いだのちに出家している。どちらの名も僧名であり、出家したからと言って当主の立場を捨てる必要はない。

一方、五男だった今川義元は幼い頃に出家したが、兄たちが次々と不運に見舞われたため、家督を継ぐために還俗している。

謙信・信玄と義元、両者のケースの決定的な違いは、世継ぎを残す必要の有無だ。当主となったからには嫡男を残さなくてはならない。当時ならば自然な考えであり、すでに後継者がいた謙信と信玄は出家しても問題なく、後継者がいない義元は結婚する必要があったわけだ。

男が次々と落命した井伊家において、当主となった直虎には世継ぎを生む責任があったはずだ。しかし、結婚すらしなかったということは、やはり彼女は還俗しなかったのではないだろうか。

いまこそ知りたい

直虎の性格は？

慎み深い性格ながら強い芯を持っていた

戦国時代、女ながらに家督を継いで「女城主」と呼ばれた。こう聞くと、つい「男勝り」「勝ち気」といったイメージを抱くが、直虎はそうした性格ではなかったように思える。むしろ、慎み深く落ち着いた女性だったのではないだろうか。

自己顕示欲が強ければ、彼女の記録はいまよりも多かったはずだ。後世にまで自分のことを伝えたい。そう考えていたら、『井伊家伝記』には彼女を褒め立てる文言が並び、その活躍が大袈裟に綴られていただろう。しかし、実際の『井伊家伝記』にはそうした記述は見られない。

また、井伊家以外の史料にも直虎の面影を窺い知れるものがないことから、派手な身なりや言動を好まなかったと思われる。

とは言え、ただ大人しい女性だったわけではない。信濃に逃れた許婚を思い、若くして出家を決意した。両親からは反対されただろう。しかし、彼女は両親の説得にも首を縦に振ることはなく、剃髪して出家の道を選んだ。また、家督を継いだことに関しても、その覚悟の強さたるや想像に難くない。つまり、彼女は決して前へ前へというタイプではなかったが、確固たる芯の強さを持った女性だったのだ。

写真提供:浜松市

直虎の菩提寺・自耕庵。彼女の院号「妙雲院」から現在は妙雲寺に改称されている

生涯独身は直親への愛の表れか

また、直虎は乱世にありながら、和や情を大切にする女性だった。

養子・虎松に対する愛情は説明するまでもなく、こうした優しさは一族にも向けられたことだろう。彼女が家督を継ぐことに対して、家臣から反対はなかった。むしろ、彼女こそ支えるに相応しい人物だと尊敬を集めたのではないだろうか。

そう考えると、彼女が生涯独身を貫いた理由は、元許婚の直親にあったように思える。許婚は伊那谷で妻子をつくり、帰郷後も結ばれることはなかった。しかし、直虎は幼馴染みであった彼を、いつまでも愛し続けていた。

当主の立場からすれば、世継ぎを残さなかったことは正しい選択ではない。だが当主ではなく、ひとりの女性としての気持ちを優先した――これは、我慢を強いられた直虎の数少ない我が儘だったのかもしれない。

いまこそ知りたい

直虎は武術に長けていたのか?

最低限の訓練はしていたかもしれないが……

戦乱の世において今川家と対立し、つねに危険と隣り合わせだった井伊家。そんな時代に当主となったのだから、直虎も武芸に長けていたのでは……と考えるのはいささか早計だ。

そもそも彼女は、親族に家督を継げる男がいなくなり、苦肉の策とも言える格好で当主の座に就いた身だ。当主のひとり娘としての自覚はあっただろうが、その自覚に「自身が戦場を駆けること」は含まれていなかった可能性が高い。

とは言え、彼女も武家の娘として最低限の訓練は経験していた。女は嫁ぐときに必ず懐剣《かいけん》(護身用の短剣)を持たされたが、これは相手を攻撃するためではなく〝自害用〟だ。敵に攻められたとき、辱めを受けずに自ら命を絶つ術を教わっている。

つまり、少なくとも幼少期の彼女は、一般的な武家の娘と同程度レベルだったと考えるのが自然だ。もちろん、男衆が稽古に励む姿を目にしただろうし、武器に触れたこともあっただろう。しかし、剣術に夢中になったかと言えば別の話だ。

限られた史料からも、彼女が武勇を誇った記録は残されておらず、武芸に秀でたという記述もない。以上のことから、直虎の武芸者とは考えにくいのだ。

家督を継いだあと、有事に備えて乗馬の技を磨いたことはあるかもしれない

龍潭寺で兵法を学んだ可能性は？

ただし、直虎は若くして龍潭寺に出家したという、貴重な経験がある。同寺には幅広い文献が揃っていたことは、すでに別項で述べた通りだ。

そのなかには兵法書もあり、彼女が兵法を学んだ可能性は否定できない。

戦国武将の子弟が仏門に入る場合、禅寺が多かったという。その理由は、知識・教養を深めることもあるが、一番の目的は何よりも兵法だった。

たとえば、今川家が斯波家から遠江奪還を果たしたとき、最初に指揮を執って快進撃を続けたのは北条早雲だ。早雲は建仁寺や大徳寺で兵法を学んだとされ、のちに戦国武将として頭角を現している。

直虎が早雲のように等しく兵法に励んだとは思えないが、その気になれば学ぶ環境は整っていた。戦に活かされたかは別として、当主たる彼女の覚悟を強めることには役立ったかもしれない。

いまこそ知りたい

直虎の政治手腕

徳政令騒動に見る直虎の能力

「武将・直虎」の影は確認できないが、直虎の活躍の場は、地頭や当主として手腕を振るった「政治力・交渉力」にある。

代表的な例は、井伊谷徳政令騒動の際に奔走したことだろう。領民から徳政令を求められるなか、彼女がそれを認めなかったのは、井伊領の経営破綻を懸念してのことだった。遠江の守護である今川氏真の徳政発布命令を2年以上も無視し続けたのは、井伊家と井伊領を守るためだ。

領民の不満を抑えるため、直虎は彼らのもとを訪れて徳政令を出した際のリスクを熱心に語ったと思われる。一揆に発展しなかったのは、きっと彼女の情熱と彼女に対する領民の信頼があったからこそだろう。

その一方で、徳政令発布に備えて新興銭主と話し合いを重ねたことも大きい。債権を失えば、銭主たちが受ける被害ははかり知れない。銭主たちが、所有権を承認する安堵状を手に入れるまで時間を稼ぐことができたのは、直虎の大きな成果と言えるだろう。

直虎の地頭職罷免は、氏真との政治闘争に敗れたことになるかもしれない。だが、情に厚い彼女の方針・行動は、現代においても理想的なリーダー像のひとつではないだろうか。

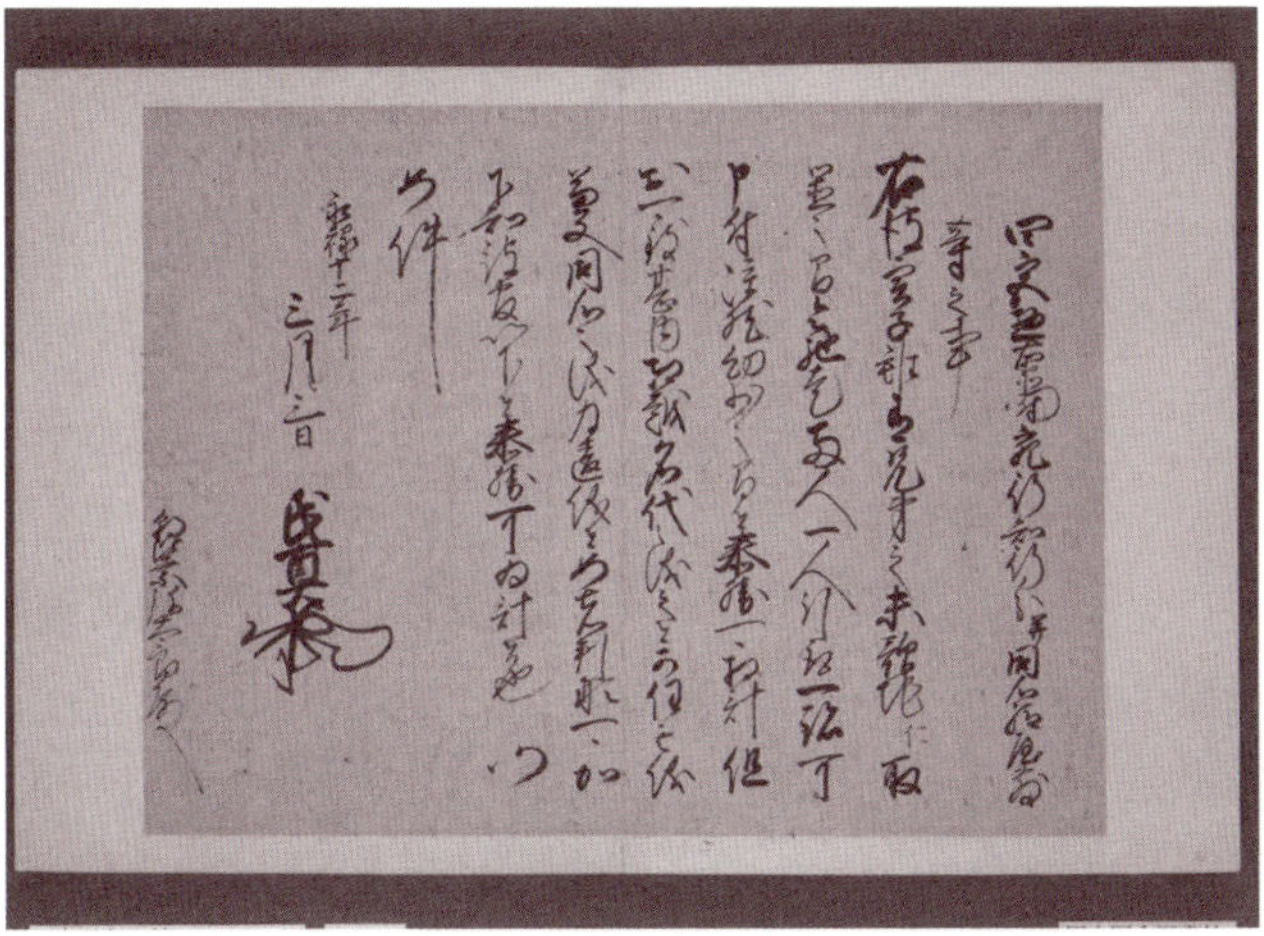

写真：国会図書館／『武家文書 今川氏真書状 永禄十二年三月三日』

氏真の書状。次から次へと井伊家を追い詰めた氏真は直虎の一枚上手と言える

井伊家再興の土台を築く

また、虎松を家康に出仕させたことも、彼女の大きな功績だ。

彼女の準備は周到だった。まず目を付けたのは、家康からの信頼が厚い松下家。ここに未亡人だった虎松の母を嫁がせることで、虎松が家康と自然に接触できる機会を生み出した。

そして、南渓和尚の住職ネットワークを駆使して、家康の間者・松下常慶《まつしたじょうけい》と通じたことも成功の要因だった。常慶から家康の情報を集め、虎松が家康と初対面を果たすに最適な状況を考えた。

かくして家康に召し抱えられた虎松は、のちに頭角を現して「徳川四天王」と呼ばれるほどに出世することとなる。

井伊家の再興は直虎の使命だった。最高を果たしたのは成長後の虎松だが、その土台を築いたのが直虎だったことは疑いようがない。

column.3

直虎以外の女城主

　決して多くはないが、直虎以外にも「女城主」と呼ばれた女性はたしかに存在している。

【おつやの方（？～1575年）**】**美濃国･岩村城主だった遠山《とおやま》景任《かげとう》の妻。1572年、子宝に恵まれないまま景任が病死したため、甥の織田信長から5男･坊丸《ぼうまる》(織田勝長《かつなが》)を養子に迎える。しかし、坊丸が幼かったため、おつやの方が後見人として岩村城主を務めることとなった。その後、武田信玄に降伏し、兵を守るために武田家家臣の秋山虎繁《とらしげ》と再婚。これに激怒した信長は、1575年に岩村城を落とす。捉えられたおつやの方は処刑されてしまった。

【阿南姫《おなみひめ》（1541～1602年）**】**陸奥国・伊達晴宗《だてはるむね》の長女で、伊達政宗の伯母。岩瀬郡(福島県)の須賀川《すかがわ》城主･二階堂盛義《にかいどうもりよし》の正室だったが、夫と息子を相次いで失い、須賀川城の城主となる。二階堂家は芦名家の傘下として伊達家と対立したが、伯母との戦いを避けたい政宗は再三に渡って降伏を勧めた。しかし、阿南姫は二階堂家の人間として固持し、政宗の軍に落城されることとなった。

写真:PIXTA

おつやの方が城主を継いだ岩村城の本丸跡。岩村城は美濃と信濃の国境近くに位置する要所だった

いまこそ知りたい

第3章

井伊氏と直虎ゆかりの人物

いまこそ知りたい

戦に生き、歌人としても名をなした皇子

宗《むね》良《よし》親《しん》王《のう》

（1311年〜1385年？）

僧侶になるも、武人として生きる

宗良親王は、院政を廃止して天皇親政を復活させた後醍醐天皇の第2皇子としてこの世に生を受けた。ちなみに宗良は一般的に「むねよし」と読まれるが、「むねなが」とされる説もある。

時は南北朝の時代。後醍醐天皇は北朝の勢力を討ち滅ぼすべく、全国各地に皇子たちを送り込んだ。その中で東海地方に派遣されたのが宗良親王である。そして宗良親王をサポートしたのが、井伊家の一族。遠州白羽湊《しろわみなと》にやってきた宗良親王は、井伊介道政の助力を得て、北朝と戦いを繰り広げた。

ちなみに宗良親王は、「新葉和歌集《しんようわかしゅう》」を撰集し、「李花集《りかしゅう》」を歌集に持つなど、二条派《にじょうは》の歌人としても後世に名を残している。

宗良親王は早く出家して18歳で天台座主となるが、時代がその座にとどまることを許してはくれなかった。世は争乱の時代である。

父の命により還俗（僧籍を離れて、俗人へと戻ること）すると、北朝討伐に参戦。一時、本拠地である吉野に戻った後に再び出陣するが、台風によって船が遭難。北畠親房《きたばたけちかふさ》らとともに遠州へと流れ着き、そこで再び井伊家と共闘する。宗良親王らが勢力を進めたのは信濃。現在の長野県である。

写真：国会図書館／『新葉和歌集』

「新葉和歌集」は1420首からなる私撰和歌集。南朝関係者の作品のみが選ばれている

7カ月にわたる籠城戦

宗良親王と井伊家の面々は、井伊城を出た後、信濃へ行軍。そしてかの地を手始めに、関東、北陸といった各地を転戦する。だが、最初こそ前線した宗良親王らであったが、北朝が南進してくると、徐々に劣勢を強いられることになる。

大平城は宗良親王を迎え入れるために井伊家が建築した城であるが、北朝軍の猛攻に押された宗良親王らはこの城に立てこもった。

攻防戦は苛烈を極めた。７カ月にもわたってなんとか城を守り通してきたが、仁木義長《にっきよしなが》軍の猛攻撃を受けてついに陥落。井伊家は降伏し、宗良親王は命からがら逃亡する。

宗良親王の没年は１３８５年とされている。さきの大平城の戦いが１３４０年のことだから、その後40年以上にもわたり転戦したということだ。まさしく戦とともにあった人生であったといえるだろう。

今川家に臣従し、井伊家を存続させた立役者

いまこそ知りたい

井《い》伊《い》直《なお》平《ひら》

（１４８９年〜１５６３年）

苦渋の思いで今川家に下る

井伊直平は井伊家の第20代当主で、井伊直虎の曽祖父にあたる人物である。１５０４年には家督を継いだ（「井伊直平公御一代記」による）というから、15歳で名門の血筋のかじ取りを任されたということになる。翌年には遠江国の引間城に入ったと伝えられている。時は応仁の乱（１４６７年）に端を発した戦国の世。直平のいる遠江国もまた、争乱の渦に巻き込まれた。駿河国の守護大名・今川氏親の軍勢が攻め入ってきたのである。

直平は遠江の守護大名である斯波義達に加勢し、今川の軍を迎え撃った。だが、今川といえばその時代、その場所を代表する有力大名である。斯波・井伊連合軍はあえなく敗退。井伊家は今川家に降伏した。これをきっかけにして、井伊家は没落していくのであった。

だが、直平は手をこまねいているだけではなかった。その後、今川の当主が義元に代替わりすると、直平は娘を差し出したのである。これは今川家への臣従を示した行為であり、また、有力大名である今川家の助力を得られることになる。戦に敗れるまでは、地域の長として振る舞ってきた直平である。他家の家来になることは、それは屈辱的なことであったことは想像に難くない。だが、この苦渋の決断があったからこそ、井伊家は生きながらえることができたのだ。

写真提供：浜松市

若かりし直平がいた引間城は、徳川家康によって1570年に浜松城と名称を改められた

直平の娘の女児が、家康の正室になる

今川家に嫁がせた直平の娘は、当主である今川義元の側室になった。その後、今川家の武将である関口親《せきぐちちか》永《なが》と婚姻。後に築山御前《つきやまごぜん》となる娘を出産する。

築山御前は徳川家康の正室となる女性である。かの家康の正室といえば、その権力は相当なものである。これがきっかけとなり、井伊家の第24代当主である直政は出世街道をひた走ることになったという。

先述したとおり、今川家に臣従するという苦い決断を下したのは直平である。しかし、直平はその汚辱を一身に受け、その変わりに後世の井伊の者たちに栄華をもたらしてみせたのであった。

その直平であるが、死因については定かではない。「井伊家伝記」では毒殺によりこの世を去ったとされているが、文献によって死因はさまざまである。いずれにせよ、直平が井伊家復興の立役者であったことに変わりはない。

いまこそ知りたい

井伊家を混乱に陥れた策士の父子

小《お》野《の》道《みち》高《たか》・道《みち》好《よし》

小野道高（?年～1554年?）
道好（?年～1570年）

井伊家の和を乱した悪名高き重臣

小野道高は通称「小野和泉守《おののいずみのかみ》」といい、井伊家の重臣であった人物である。

道高が歴史上で名を挙げたのは、その悪名によってである。道高はあろうことか主君である井伊家の井伊直満と直義の兄弟を陥れたのだ。

江戸幕府が寛政11年（1799年）に企画し、文化9年（1812年）に完成させた大名や旗本、幕臣の系譜集である「寛政重修諸家譜《かんせいちょうしゅうしょかふ》」によれば、道高は今川義元に〝告げ口〟をしたと記されている。

そのころ、直虎の父にあたる井伊直盛は、叔父の直満の子である直親を養子として迎え入れた。道高はこれにおおいに反対し、それがきっかけで直満と不仲になる。憎しみは増すばかりで、いつしか陥れてやりたいと考えていたようである。その手段として、井伊家が臣従した今川家の当主・義元に「直満とその弟である直義が武田家に通じている」と吹き込んだのである。

言わずもがな、武田家は時の有力大名である。そんな一大勢力と繋がっている内通者がいては、いかに今川家とて気が気ではない。事態を重く見た義元は、直満・直義の兄弟を本拠地である駿府に呼んだのだった。

写真：国会図書館／『寛政重修諸家譜』

『寛政重修諸家譜』は、和綴じで1530巻から成り、大名や旗本の系譜を知ることができる

息子も父同様に裏切りを試みるが……

義元の前に連れてこられた直満・直義兄弟は「自分たちは今川家を裏切っていない」と、必死になって申し開きをした。

だが、それをじゃましたのが誰あろう道高であった。道高は直満兄弟の言葉を次々と否定。結果、直満兄弟は内通者と見なされて処断されたのであった。

道高の息子・道好もまた策謀の者である。道高は時の井伊家当主であった井伊直親が、松平元康（後の徳川家康）と内通していると、今川氏政に耳打ち。父親と全く同じ手口で、なんと主君を謀殺したのである。

これは、道好の権力欲の高さによるものと考えるのが自然だろう。なぜなら道好はその後、井伊家を継いだ直虎を追い出し、自分が領主となるからだ。

謀略によって父親以上の成功を収めたかに見えた道好だったが、その後、直親を陥れた罪によって処断されてしまう。

いまこそ知りたい

井《い》伊《い》谷《のや》三《さん》人《にん》衆《しゅう》

直虎を窮地においやった三人の家臣たち

井伊直虎には彼女を支えた7人の重臣がいる。中でも菅沼忠久、鈴木重時、近藤康用は「井伊谷三人衆」と呼ばれるが、これはこの3人が一騎当千の強者であったからでも、歴史的な貢献をしたからでもない。

直虎を裏切り、敵方（徳川家康）についたことからつけられた二つ名である。

菅沼忠久は父の元景が井伊直親（直虎の許嫁）に仕えており、忠久自身は直虎をサポートした。同じく井伊谷三人衆に名を連ねる鈴木重時の娘を妻にしており、重時とは義理の父子の関係にある。

鈴木重時は元は今川家の家臣であり、父・重勝の子として生まれた。その父とともに桶狭間の戦い（1560年）の後も今川方についている。宇利城の近藤氏を井伊氏の協力のもとで今川家に引き込んだ際には、その褒美として200貫文を与えられるなど、才を発揮した。

近藤康用も、同じく今川家の家臣である。桶狭間の戦いの後、一時、徳川方についたものの、鈴木重時の父親である重勝の誘いに応える形で、今川家に戻っている。

将としての生き方も、身の振り方も異なる菅沼、鈴木、近藤の三氏は、1568年、井伊・今川の両家に反旗を翻す。徳川家康の軍勢に加わり、遠江侵攻に協力したのである。

写真：PIXTA

堀江城は、現在の舘山寺温泉の地にあった。ちなみに舘山寺を開いたのは弘法大師だ

家康に三人衆の調略をすすめた人物がいた

なぜ、井伊谷三人衆が仕えていた主君を裏切り、徳川方についたのか？　また、なぜ徳川家がこの3人を案内役として取り立てたのか？　その理由はいまだわかっていない。

しかしながら、井伊谷三人衆と徳川家の橋渡しをした人物がいたことはわかっている。その者の名は菅沼《すがぬま》定盈《さだみつ》。定盈は菅沼忠久、鈴木重時、近藤康用の3人を味方に引き入れるべしと、家康に進言したと書物には記されている。

ちなみに菅沼定盈と菅沼忠久は、同じ苗字であることからもわかるとおり、同族だとされる。この縁から忠久が鈴木重時と近藤康用の2人を誘ったともされている。

家康の井伊谷侵攻を手引きした後、菅沼忠久は井伊直政に仕え、鈴木重時は堀江城の戦いで戦死、近藤康用は晩年出家し、72歳で死去している。

いまこそ知りたい

無能扱いを受けているが、実は名君だった

今川義元《いまがわよしもと》

（1519年～1560年）

海道一の弓取り（武芸者）として名を馳せる

今川義元は駿河と遠江を支配した有力大名・今川家の第11代当主である。

義元といえば、言わずもがな桶狭間の戦いで織田信長に討ち取られた大名だ。時は1560年。義元は大軍を率いて尾張に進軍した。対する織田勢の兵力は少数。勝ちが揺るぐことなど決してない、ごくごく簡単な戦いだと義元は考えていた。

だが、予期せぬことが起こった。義元の軍勢は、桶狭間で織田軍の奇襲を受けたのである。突然の攻撃に、義元率いる自慢の大軍は大混乱。その隙を突かれて義元が討たれ、今川勢は潰走。歴史的大敗に終わるのであった。

このことから義元は「油断大敵」の代名詞のような存在として語られ、また、多くある信長を主人公とする物語の影響からか、あたかも無能者であったかのように描かれることが多い。だが、実際はそうではない。当時を代表する有能な名君であったという説が一般的となっている。

武においては「海道《かいどう》一の弓取り」（海道＝東海道）と称されるほど武芸に秀で、政治においては北条家、武田家といった有力大名を相手に一歩も引かないなど、イメージとは大きく異なる男であったことがよくわかる。

写真：PIXTA

桶狭間の敗戦から無能者扱いされがちな今川義元だが、武力に秀でた勇将との説もある

井伊直虎との共通点と因果の糸

義元の経歴を追うと、直虎と共通点が多いことがわかる。義元は当主の五男であり家督を継ぐ可能性が極めて低いことから、4歳のときに寺に預けられた。許嫁の失踪という理由の違いはあれど、直虎も出家して次郎法師を名乗っている。

今川家は義元の出家後、家督を継いでいた兄の氏輝と、次期後継者にあたる彦五郎が相次いで死亡。そのため義元は還俗して今川家に戻り、家督争いに勝利して第11代の当主となった。

一方、直虎の方も戦や誅殺によって一族の男たちが死亡したため、還俗して井伊家を支えなければならなくなる。

そして、直虎が世に出るきっかけ――つまり、井伊直盛の死は桶狭間の戦いによるものである。そう、今川義元という歴史の終わりを告げる鐘の音は、井伊直虎という歴史の始まりを告げる鐘の音でもあったのだ。

今《いま》川《がわ》氏《うじ》真《ざね》

（1538年〜1615年）

家臣の戦死と多数の離反者に悩まされる

1560年の桶狭間の戦いで今川義元が戦死し、それまで東海を代表する一大勢力であった今川家が没落。そんな状況下で当主の座についていたのが、今川義元の嫡男（一般的に正室が産んだ男の中で、年長者の者を指す。跡取り）である今川氏真である。ちなみに氏真は桶狭間の戦い以前から家督を継いでいる。

桶狭間の戦いによって今川家は、戦死によって有力武将を失っただけでなく、家臣の中から多くの離反者を出すことになった。当時、今川家の人質となっていた松平元康（後の徳川家康）も、その一人である。

当時まだ22歳と若く、父の義元ほど大名としての優れた才覚を発揮していなかった氏真にとって、この悪い流れを断ち切ることはあまりにも困難だった。三河の地を失い、遠江においても影響力は目に見えて低下。その結果「井伊家が今川家から離反する動きがある」「井伊直親が松平元康と内通している」と井伊家の家臣である小野道好に吹き込まれて、井伊直親を処断する。

さらに1565年には、家康と同盟関係にあった飯尾連龍を本拠地・駿府の館に呼び出すと、軍に屋敷を包囲させて殺害した。これが「遠州忩劇《えんしゅうそうげき》」と呼ばれる出来事である。

写真：PIXTA

「蹴鞠」で遊ぶイメージの強い今川義元だが、実際は氏真がその想像図に近かったようだ

義元の死から9年で大名の座から降りる

飯尾連龍の反乱と同じ年、氏真の妹・嶺松院《れいしょういん》が嫁いだ武田義信《よしのぶ》（武田信玄の嫡男）が、武田家に対して謀反を起こす。翌年、義信が死亡したのを期に嶺松院を駿府に戻した氏真は、武田家との関係を不安視し、上杉家に同盟をもちかける。武田家はこれを不服として同盟を破棄すると、氏真の本拠地である駿府に攻め込んできた。

さらに同じ時期に徳川家にも攻め込まれ、氏真は掛川城に籠城。後に北条家を仲介として徳川家と和睦が成立し、今川家は「大名」としての歴史に幕を閉じた。義元の死からわずか９年での終焉であった。

その後、氏真は徳川、北条両家の庇護を受け、その子孫たちは高家としての待遇を受けた。ちなみに義元は和歌や蹴鞠などに興じるイメージが強いが、実際にこういった芸術や文化への造詣が深かったのは氏真のほうであったと伝えられている。

いまこそ知りたい

今川、徳川、井伊を圧倒した戦国時代最強の虎

武田信玄《たけだしんげん》

（1521年～1573年）

義元亡き後の今川家を電光石火の早さで打倒

甲斐を本拠地とした戦国大名・武田家の第19代当主。実父である18代当主である武田信虎と極度の不仲になり、武田の主だった家臣たちとともに信虎を追放した。

家中をまとめた後に信濃全域を平らげた信玄。その前に立ちはだかったのが、終生のライバルとなる上杉謙信。信濃を追い出された諸勢力の助けの声に応え、信玄と戦うことを決意したのである。

武田家と上杉家は、実に5度にわたって川中島で激闘を繰り広げた。双方、多大な被害を出すも決着がつかず、痛み分けに終わった。

謙信と激闘を繰り広げつつも、希代の名将・信玄の目は他の地域にも向けられていた。最初の川中島の戦いの翌年にあたる１５５４年には、相模の今川義元、駿府の北条氏康と甲相駿三国同盟《こうそうすんさんごくどうめい》を締結したのである。しかし、今川義元が死ぬとこれを好機と見て、同盟を解消する。このとき、外交方針をめぐって意見が対立した嫡男・義信を幽閉している。

今川家への侵攻は、徳川家との共闘によるものであった。義元を失い意気消沈の軍勢を蹂躙し、信玄は見事に今川家を討ち滅ぼしてみせた。自家の領土を守り、謙信ににらみを利かせつつ、それを成し遂げるのだから、戦国最強の大名の名は伊達ではなかったということだ。

写真：PIXTA

戦国の世でいう甲斐の国にあたる甲府。その駅前では、武田信玄が今でもにらみを利かせる

井伊家に安堵をもたらした「信玄、死す」の報

信玄はその後、将軍・足利義昭《あしかがよしあき》の命を受けて織田信長討伐を目指すこととなる。信濃から東海地方へと進軍する西上作戦で、まず対峙したのは、かつて共に今川家を打倒した徳川家である。

１５７２年11月、武田家は徳川領の二俣《ふたまた》城を開城させると、翌月には三方原で徳川軍と激突。これを難なく攻略すると、いよいよ織田信長に狙いを定める。

しかし、１５７３年４月に三河野田《みかわのだ》城を攻略した後、信玄は突如として病に倒れる。西上作戦は中断。武田軍は急いで本拠地へと戻るが、その道中で信玄は帰らぬ人となった。

西上作戦の主力部隊は徳川家と戦いを繰り広げたが、別動隊が井伊谷まで襲来していた。これを迎え撃った井伊直成を失うなど多大な被害を被った井伊家にしてみれば「甲斐の虎死去」の報は、驚きと安堵を持って伝えられたことであろう。

徳《とく》川《がわ》家《いえ》康《やす》

（1543年～1616年）

生まれてすぐに今川家の人質となる

激動の戦国時代を制し、全国統一を果たした江戸幕府初代将軍。三河の豪族であった松平家の８代目当主・広忠《ひろただ》とその正室・於大の方《おだいのかた》の子として、岡崎城に生まれる。幼名を竹千代、その後、松平元信、松平元康、そして徳川家康と名を改めている。

家康は生まれてすぐ、従属関係にあった今川家に人質に出された。それから20年近くも人質として片身の狭い生活を強いられるが、１５６０年に状況が一変する。今川家の当主である義元が、織田信長に急襲され、討ち死にを果たしたのだ。これを絶好機と見た家康は、すぐさま今川家を裏切り、その今川家に勝利した織田家と同盟を結ぶ。

これにより後ろ盾を得た家康は、その類まれなる才気もあって、三河、遠江でその勢力を広げていった。その後、信長が本能寺の変によって没した後は、足軽から織田家の重臣に成り上がっていた豊臣秀吉と対立する。しかしこれはあくまでも一時的なものですぐに和解すると、秀吉の天下獲りのサポート役に回るのであった。

決して無茶はせず、チャンスが訪れるまではじっと我慢をする。その冷静沈着ぶりこそが、後に天下を取るために欠かせない資質だったのかもしれない。

写真：PIXTA

家康は病死した翌年、後水尾天皇から「東照大権現」の名を与えられる。人から神になったのである

井伊直政の活躍もあり、大一番に勝利

武勇と軍略に優れた家臣たちとともに力をため続けていた家康がついに天下取りに動いたのは、天下人となっていた豊臣秀吉が没した1598年のことである。その2年後には、秀吉の腹心である石田三成《いしだみつなり》が率いる西軍と、徳川家康率いる東軍が関ケ原で激突。この天下分け目の戦いで、めざましい武勲をあげて東軍の勝利に大きく貢献したのが井伊直政である。

直政の活躍ぶりに関しては事項に譲るが、これによって井伊家は家康からの信頼を深め、その地位を盤石のものとしていくのである。

関ケ原の戦いを制した家康は1603年に江戸幕府を開き、ここに長きにわたった戦国時代がついに終わりを迎えたのであった。

家康は1616年に病が原因でこの世を去るが、彼が開いた江戸幕府は、その後、260年にわたって徳川の時代を築いたのであった。

井《い》伊《い》直《なお》政《まさ》（虎松）

（1561年〜1602年）

後の天下人となる徳川家康より名を授かる

井伊家きっての勇将とほまれ高い井伊直政は、1561年に井伊直親の子としてこの世に生を受けた。幼名は虎松。虎のごとき勇猛さと、松のごとき繁栄を願いつけられたものである。

その虎松という名前は、1575年に万千代と改められた。名づけたのは徳川家康である。このころ、直政は井伊直虎の付き添いで家康に謁見を果たしている。直政の父である直親は1562年に今川家に殺されたうえに領地を取り上げられたため、直虎がまだ幼い直政の後見人となったのだ。

直政は家康に気に入られ、小姓（身分の高い者の世話をする少年のこと）として迎え入れられることとなった。万千代という名は、家康の幼名である竹千代にちなんだものとされているから、家康が直政にどれほど期待を寄せていたかがわかるだろう。

直政の初陣は1576年の徳川家と武田家の戦いであると伝えられている。一説によれば、就寝中の家康を襲いにきた武田軍の刺客を直政が撃退したとされているが、その真偽は定かではない。

いずれにせよ直政がこの戦いで武勲をあげたのは間違いないようで、その褒美として知行《ちぎょう》（武士に支給される土地）が3000石まで加増されている。その6年後の1582年、直政は元服を果たして井伊家の家督を継承。井伊直政と名を改めたのは、このときである。

写真：PIXTA

山県昌景、井伊直政、真田幸村。朱塗りの具足で身を固めた精鋭たちは、戦国時代の華であった

戦場を駆け抜ける赤い悪魔のリーダー

1582年、直平にもうひとつの転機が訪れる。徳川軍の主力部隊である旗本先手役《はたもとせんてやく》に任じられたのである。その配下として加わったのが山県昌景《やまがたまさかげ》。勇名名高い元・武田二十四将のひとりが、家臣団を引き連れて直政の部下となったのである。鎧兜を朱塗りで統一したこの直政の部隊、井伊の赤備え《あかぞなえ》はこうして誕生したのだ。

井伊の赤備えが初めて戦場に現れたのは、1584年の小牧《こまき》・長久手《ながくて》の戦いである。織田軍と組んで羽柴軍と激突したこの戦で、井伊の赤備えは敵軍に大打撃を与えた。

1600年の関ケ原の戦いでも、赤備えはおおいに奮戦。直政は島津家の残党狩りの際に傷を負うも、その活躍によって十八万石を与えられている。

それから2年後、井伊家最強の猛将は関ケ原の傷が原因で没した。享年42。

いまこそ知りたい

直政の従兄弟たち

直政の元に集まったかつての仲間たち

井伊の赤備えの軍団長として、戦場において華々しい武功を立てた直政。その功績は彼自身の勇猛さによるところも大きいが、しかし、個人の力で勝てるほど戦は甘くない。直政を支えた腹心たちの存在があってこそである。

その腹心の中でも特に直政が信頼を寄せていたのが、彼の従兄弟にあたる武将たちだ。直政が2万石の知行を与えられたのを機に部下として召し抱えた、奥山朝忠《おくやまともただ》、中野一定《なかのかずさだ》、鈴木重好《すずきしげよし》、小野《おの》亥《い》之助《のすけ》の4人である。

そのころ井伊家代々に仕えた家臣たちは山中に身を隠していたが、直政の呼びかけに応じて山から下り、直政の配下として合流を果たしたのだ。ちなみに奥山朝忠の弟は当時出家していたが、直政に命じられて再び俗世に戻り、1000石を与えられたとされている。

こうしてまた井伊家が勢いを取り戻せたのは、直政が20歳の若さで2万石という石高を保持していたからである。直政は自分を小姓として召し抱えてくれた家康の恩義に報いるべく人一倍の働きをしたといわれるが、井伊家を復興したいという強い志があったのもまた事実だろう。その目標がかなったのだから、直政の喜びは察するにあまりある。

写真：国会図書館／『関ヶ原合戦絵巻』

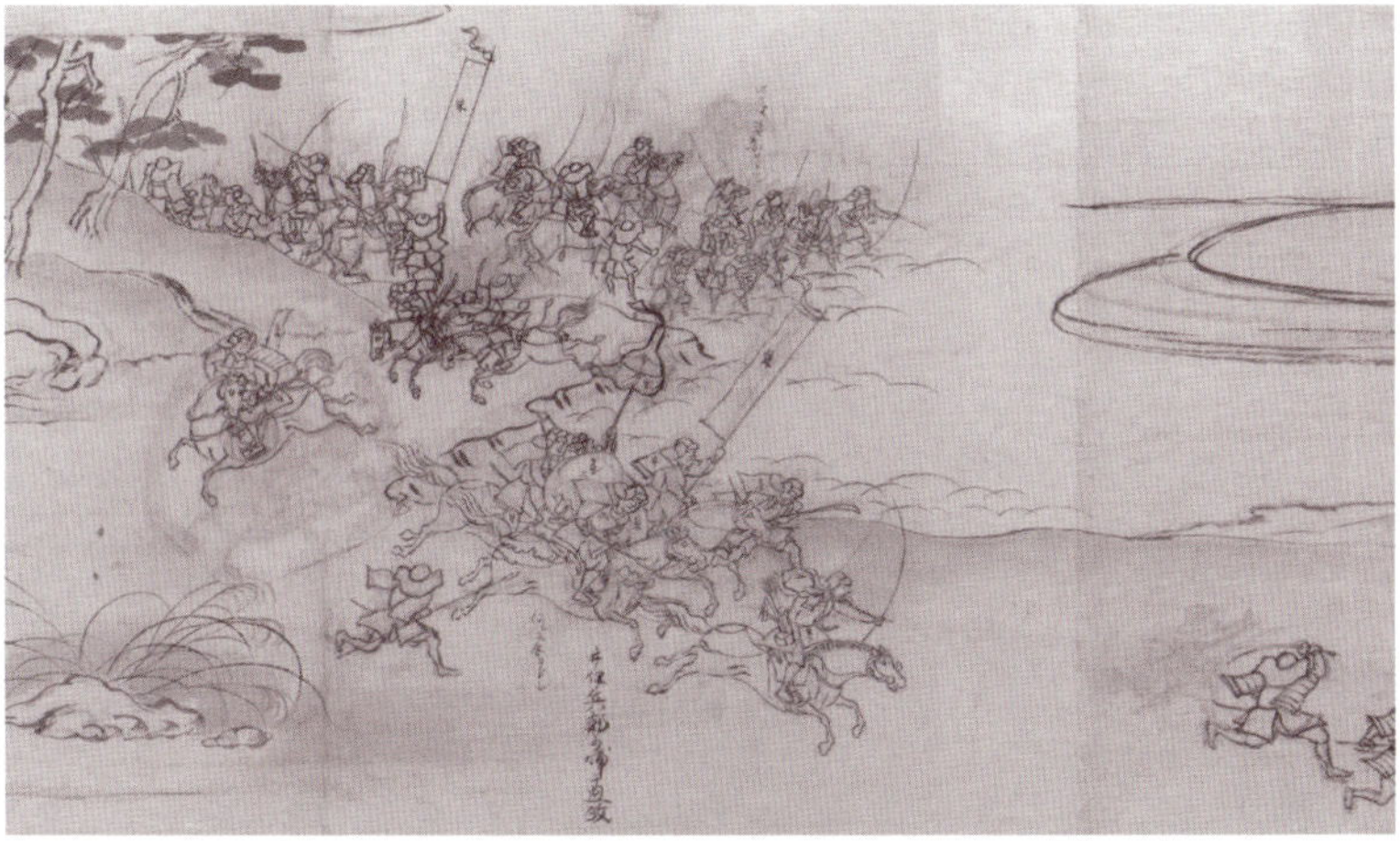

関ヶ原の戦いでは、家康の四男・忠吉と先陣を切った直政。その活躍は4人の従兄弟らに支えられていた

父のいない悲しみが強い絆となった

奥山朝忠、中野一定、鈴木重好、小野亥之助と直政の5人は、みな、幼少期に父を亡くしているという共通点もあり、強固な絆で結ばれていた。そしてその絆は、42歳の若さで直政が没するまで続いたといわれている。

それでは、4人それぞれの活躍ぶりを見ていこう。

奥山朝忠は、直政の死後、彦根藩の家老として直政の次男である直孝を支えた。

中野一定は徳川家臣である松下清景《まつしたきよかげ》の養子に入って松下の家を継ぎ、松下志摩守《まつしたしまのかみ》と名乗った。

鈴木重好は直政の筆頭家老として、その才覚をおおいに振るった。直政亡き後はその跡取り息子の直継を補佐。さらに後、徳川秀忠に見いだされて、水戸の城代家老という重職に就いている。

小野亥之助はその孫が与板《よいた》藩の家老として明治時代を迎えるなど、長く続く家系の礎を築いた。

いまこそ知りたい

井《い》伊《い》直《なお》弼《すけ》

（1815〜1860年）

文武と芸術に明け暮れた平々凡々な日々

井伊家の中で最も名が知られているのは、おそらくこの井伊直弼その人であろう。井伊直弼の名を知らしめているのは、彼にかかわる2つの事柄だ。言うまでもなく「安政の大獄」と「桜田門外の変」である。この出来事によって、井伊直弼という江戸幕府大老は当時を代表する極悪人という認識を持たれている向きがあるが、実際のところはどうなのだろうか。

井伊直弼は彦根藩の藩主・井伊直中《なおなか》として、1815年に生まれた。井伊直虎が没してから230年あまり経った江戸時代後期、いわゆる幕末と呼ばれる時代のことである。

直弼は直中の14男であることから、世継ぎには遠い存在だった。実際、父を継いで彦根藩主となったのは兄の直元であり、直弼は17歳から32歳までの15年間を文武に注ぐだけの、平穏な毎日を送っていた。

この境遇に直弼がへきえきしていたかといえば、そうではなかった。文武の鍛錬を積むことは彼にとって喜びであり、また、絵画や茶道といった芸術的、文化的な趣味もたしなんでいたという。特に剣術は寝食を忘れて取り組んでいたというから、かなり充実した生活を送っていたと言えるかもしれない。

写真：国会図書館／『桜田血染めの雪』

『桜田門外の変』では、60名の護衛に守られながら、わずか16名の藩士によって暗殺されている

前藩主の財産を分配する善政ぶり

しかし、１８４６年に直元が、１８５０年にもう一人の兄である直亮が死没すると、状況は一変。直弼は彦根城の藩主となったのである。藩主となった直弼は、雌伏の時代を糧とした優れた政治手腕を発揮してみせた。また、前藩主・直亮の資産を家臣や庶民に分配するなど、善政をおこなう名君として敬意を集めていた。

後に幕府大老となった直弼は、独断で日米修好通商条約に調印しているが、これは「日本をよくしたい」という善心の延長線上にあるものという見方もできる。

だが、これに反対する者たちを処断した安政の大獄によって多くの人々の恨みを買い、１８６０年、直弼は江戸城桜田門外において暗殺される。直弼が多くの人の命を奪ったのはまぎれもない事実であるが、彼が彦根の土地においていまだ尊敬を集めていることをかんがみれば、極悪人のレッテルを貼るのは浅慮であるともいえるかもしれない。

column.4

井伊家の参謀「南渓瑞聞」

法縁を駆使して亀之丞を信濃・松源寺に逃がし、直虎出家の際には僧名を与えて還俗の道を残す。さらに直虎の当主就任を後押しし、虎松の家慶出仕にも尽力……。

龍潭寺2世・南渓和尚は、井伊家に欠かせない存在だった。彼の機転がなければ、井伊家は直虎の時代に滅亡していた可能性さえある。そんな井伊家の名参謀・南渓瑞聞とはどのような人物なのか。

南渓は井伊家20代当主・直平の二男で、養子だった考えられている。文武両道で武芸の才能にも恵まれていたが、学芸を選んで仏門の道へと進んだ。当時、嫡男以外の男が出家することは当たり前のことだったが、彼もまたそれに従ったのか、あるいは養子である立場を理解して、自ら家督争いから退いた可能性もある。

直平の死後、誰を当主に据えるか迷った一族からは、南渓の還俗を望む声もあったかもしれない。

しかし、宗家直系を重んじた南渓は、直盛の嫡子だった直虎を当主に推薦。裏方として彼女と井伊家を支える役目に回ったのだ。

写真提供:龍潭寺

龍潭寺所蔵「南渓瑞聞頂相」(「頂相」は禅僧の肖像画の意味)。遠江・駿河随一の高僧だったという。

いまこそ知りたい

第４章

直虎が生きた場所を行く

いまこそ知りたい

龍潭寺

直虎が出家した井伊家の菩提寺

◉井伊家歴代の当主が眠る

井伊家と龍潭寺の関係は、切っても切り離せないほど密接な関係にある。

龍潭寺の起源は733年に開創された八幡山地蔵寺にある。1010年、同寺からほど近い井戸で井伊家当主・共保が誕生したと伝えられ、1093年に共保を葬ったことをきっかけに、彼の法号から自浄院に改名。ただし『井伊家伝記』によれば、それ以前から自浄院と呼ばれていたようだ。

その後、1385年には宗良親王の法名から冷湛寺に、1532年には臨済宗に改宗したことで龍泰寺に改名。そして1560年、井伊直盛の法名から「龍潭寺」に改名されて現在に至る。

龍潭寺は井伊家の菩薩寺であり、戦国時代より井伊家以外からの寄進を受けない私寺だった。寺内には初代当主・共保から24代・直政まで、井伊家歴代の墓がある。もちろん、直虎の墓もあり、彼女が眠る五輪塔は母・祐椿尼と元許婚・直親の墓に寄り添うように並べられている。また、井伊家墓所の近くには、虎松を守った新野左馬助や井伊谷三人衆など、井伊家ゆかりの人物が眠る。

龍潭寺二世の南渓和尚は、20代当主・直平

写真提供：浜松市

本堂の北にある「龍潭寺庭園」は江戸初期につくられたもので国指定名勝だ

の養子であり、井伊家の片腕として幾度となく同家のために知恵を絞ってきた。

出家した直虎に「次郎法師」の僧名を与えたのも南渓であり、当主・直虎の誕生を後押ししたのも南渓だった。また、虎松誕生秘話にも南渓が深く関わっている。男系が途絶えることを恐れた直親は、あるとき南渓に祈祷を依頼したという。そこで南渓が世継千手観音像に願掛けをしたところ、待望の嫡男・虎松が生まれたのだという。

その後、虎松は「徳川四天王・井伊直政」と称されるほどに出世。豊臣秀吉に龍潭寺の保護を申し出たり、彦根にも龍潭寺を建設するよう遺言を残すなど、直政の同寺に対する思いの強さが窺い知れる。

武田軍の井伊谷焼き討ちにより、龍潭寺は１５７３年に焼失。現存する本堂は１６７６年に再建されたものと伝えられている。

いまこそ知りたい

井伊谷

直虎が生涯を過ごした井伊家発祥の地

◉女城主・直虎の足跡を辿る

浜名湖の北東、井伊家のルーツであり、直虎が生まれ育った場所・井伊谷。直虎はその生涯において、井伊谷を一度も離れることがなかったと伝えられている。しかし裏を返せば、それだけ彼女はこの井伊谷で濃密な時間を過ごしてきたということだ。

〝女城主〟たる直虎の拠点のひとつ「井伊谷城」は、標高約115メートルの丘陵に築かれていた。現在は城山公園として親しまれているが、城山稲荷大明神の横から頂上へ向かうと、随所に麓を一望できる場所が確認でき、有事に備えた要衝だったことが窺える。

一方、井伊谷城址の南麓には、かつて井伊家の本丸が置かれた地に「井殿の塚」が築かれている。この塚は、小野和泉守の讒言《ざんげん》によって誅殺された直満と直義（ともに直虎の大叔父）の墓だ。ふたり亡きあと、一族は供養のために塚を築き、巨大なマツを植えたと伝えられている。現在、残念ながらそのマツの姿はないが、代わりに大きなタブノキが塚を包み込むように枝葉を伸ばしている。

なお、通俗によれば直虎は本丸で生まれたとされ、この井殿の塚からそう遠くない場所が直虎生誕の地だったと思われる。ほかにも、

写真：PIXTA

宗良親王を奉じる井伊谷宮。境内の西に宗良親王の墓所がある

井殿の塚の南西には直虎の菩提寺である「自耕庵」（現・妙雲寺）、その南には直虎が出家した「龍潭寺」など、直虎ゆかりの建造物が点在している。また、龍潭寺の北には南北朝時代に井伊家が奉じた宗良親王を祀る「井伊谷宮」が隣接し、かたや南には井伊家初代当主・井伊共保の誕生伝説で知られる「井伊共保出生の井戸」がある。

後醍醐天皇の第4皇子（諸説あり）だった宗良親王は、遠江一帯の南朝支配を目的に井伊谷に入った。このため「二宮神社」や「足切観音堂」など、宗良親王にまつわる場所も少なくない。井伊家が宗良親王を奉じる気持ちはいつまでも薄れることはなく、先の井伊谷宮は1872年、最後の彦根藩主・井伊直憲によって造営されたものだ。本殿脇の井伊社には、親王に従った井伊道政とその息子・高顕も祀られている。

いまこそ知りたい

浜松

井伊直政が家康に仕えた地

◉家康が引馬から「浜松」に改名

1570年、三河国・岡崎から遠江国・引馬に拠点を移した徳川家康は、この地を浜松へと改名した。今川家を滅ぼし、武田家の侵攻を迎撃した家康は、晴れて遠江を手中に収めたわけだが、その領内で暮らす井伊家とも当然ながら深い関わり持つこととなった。

浜松駅から北西約1キロに鎮座するのは、家康の居城「浜松城」だ。歴代城主の多くが江戸幕府に重用されたことから「出世城」の異名を持つことでも知られる。

井伊直政（虎松／万千代）が家康と出会い、出仕したのは家康の浜松城時代のことだ。出仕後、直政は家康の信頼を勝ち取り、直虎の悲願だった井伊家再興を果たした。

一方、浜松城から国道152号線を挟んだすぐ先には「浜松元城町東照宮」があるが、この一帯にはかつて「引馬城」が築かれていた。1563年、毒殺されたと伝えられる直平に、毒茶を勧めたのは当時引馬城主だった飯尾豊前守の妻だった。1564年、その仇とばかりに井伊家重臣・中野信濃守と新野左馬助が引馬城に攻め込むも、無残にも戦死。この結果、井伊家には地頭職を継ぐに相応しい男がいなくなってしまい、女地頭・直虎が

写真提供：浜松市

駿遠支配の拠点として、三方原台地の東南端に東南端に築かれた浜松城

誕生するきっかけとなった。

浜松城・引間城址を中心に、浜松市街には井伊家ゆかりの地が点在している。

頭陀寺第一公園の一角には「頭陀寺城跡」と刻まれた石碑が建てられている。頭陀寺城は松下家の屋敷のことで、直政は母の再婚に伴い、万千代と改名してから井伊姓に戻るまで「松下虎松」としてこの屋敷で暮らしたと言われている。

また、浜松駅から西へ約900メートルのところには鴨江寺がある。同寺は奈良時代に開かれ、のちに僧侶が修行する大伽藍《だいがらん》の場を利用した「鴨江城」となった。

鴨江城は井伊家支城のひとつとされたが、南北朝時代の1339年、北朝軍によって攻め落とされている。その後、1583年に徳川家康が善光寺如来を迎え、方広寺《ほうこうじ》に移されるまで鴨江寺《かもえじ》で祀られていた。

いまこそ知りたい

彦根城

国宝にも指定される彦根藩の象徴

◉藩主を失ったいまも彦根を見守り続ける

1622年に築城された「彦根城」は、姫路城、松本城、犬山城、松江城とともに〝国宝5城〟に数えられる日本屈指の名城だ。

徳川四天王のひとり・直政は、関ヶ原の戦いののち、近江国佐和山（現・滋賀県彦根市）18万石を与えられた。しかし、入城した佐和山城が戦乱によって荒れ果てていたため、新しい城――彦根城――の築城を決意。

しかし、直政は関ヶ原で負った傷が癒えず、1602年、築城に取り掛かる前に亡くなってしまった。当時、家督を継いだ直継（直勝）は13歳と若く、彼に代わって重臣・木俣守勝主導のもと、1604年から彦根城の築城が開始されることとなった。

彦根城の見どころは枚挙に暇がないが、なかでも国宝の「天守」は、望楼型《ぼうろうがた》・3層4階建の端正な佇まいが光る。この天守は大津城から移築したもので、築城開始から3年後の1607に完成している。

天守を繋ぐ「廊下橋」は、敵が攻めてきた際に〝落とし橋〟へと変化し、城を守る仕掛けが見事だ。この廊下橋を中心とした「天秤《てんびん》櫓《やぐら》」は、長浜城から移築されたもので、左右対称に建てられている。現存する日本の城郭

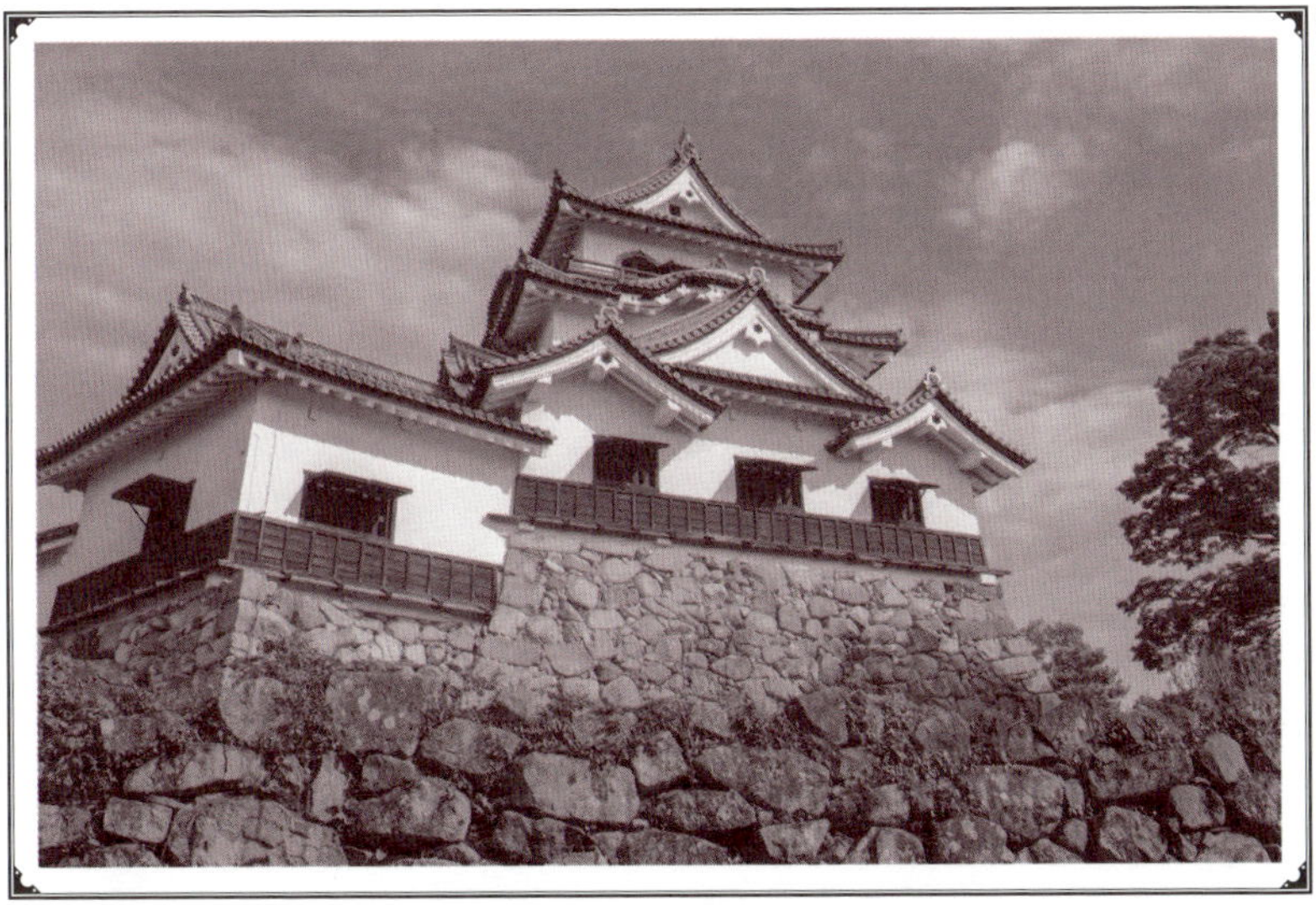
写真：PIXTA

国宝指定の天守。1996年の平成の大改修では6万枚もの屋根瓦の吹き替えが行われた

で左右対称形式のものは天秤櫓だけで、国指定重要文化財にもなっている。

また、西の丸から黒門橋を渡った先にある「槻御殿《けやきごてん》」は「玄宮楽々園《げんきゅうらくらくえん》」として国の名勝に指定されている。槻御殿は１６７７年に当時の藩主・直興が造営した藩主の下屋敷で、悪名高き江戸幕府の大老・井伊直弼も、この槻御殿で生まれ育った。

ただし父・直中の死後、直弼は槻御殿を離れ、17歳から32歳までの青春時代を、敷地南端にひっそりと佇む「埋木舎《うもれぎのや》」で過ごしている。埋木舎にある茶室（樹露軒《じゅろけん》）からは直弼の穏やかな人柄が感じられ、大老とは異なる〝名藩主〟としての顔が浮かび上がる。

なお、彦根城は明治期に解体の危機に見舞われたが、明治天皇よって保存の大命が下された。解体を免れた彦根城は、歴代藩主に代わり、いまなお彦根の街を見守り続けている。

いまこそ知りたい

彦根

彦根藩の反映を象徴する数多の寺社

◉佐和山城址周辺に多い井伊家ゆかりの寺

彦根城はもちろんだが、彦根城付近の寺にも井伊家との繋がりを発見していくことができる。

彦根駅から20分ほど歩くと、石田三成が創建した「清涼寺《せいりょうじ》」に辿り着く。井伊直政は、関ケ原の戦いの戦後処理において、佐和山城を攻略。清涼寺は佐和山城の麓に位置し、死後直政はこの寺に葬られることとなった。

清涼寺の北に隣接する「弘徳山龍潭寺」は、遠江井伊家の菩提寺・龍潭寺の分寺だ。死期を悟った直政は、南渓和尚の弟子・昊天《こうてん》和尚に「彦根に龍潭寺を建ててほしい」との遺言を残し、昊天は彼の遺志を汲んで1617年に同寺を創建している。

江戸時代、彦根の龍潭寺は造園学の学校のような存在だったという。石庭は井伊谷の龍潭寺との繋がりが垣間見られ、ここで造園を学んだ僧侶たちが、各地で禅寺の庭を造ったそうだ。なお、龍潭寺の北隣には井伊家初代当主・共保を祀る「井伊神社」もある。

清涼寺・龍潭寺・井伊神社と続く道をさらに北へ進むと、井伊直興が建てた「長寿院」(大洞弁財天堂)がある。長寿院は、彦根城の東北方角(表鬼門)に建てられており、直

写真：PIXTA

長寿院。直興は日光東照宮を造営した人物で、長寿院にも日光と同じ権現造を採用した

興が城を守るため、厄除けとして建立したと伝えられている。

また、直政が建てた宗徳寺は、19世紀初頭の移転を経て五百羅漢《ごひゃくらかん》で有名な「天寧寺」となった。天寧寺は井伊直弼の父・直中が、里根から見える彦根城の姿に感動して建てられたと言われている。羅漢堂には５２７体の羅漢像があるが、この背景には直中の過ちがある。あるとき、直中は奥女中・若竹の妊娠を不義と勘違いして処刑したが、身籠もった子は不義ではなく歴とした直中の初孫だった。事実を知った直中は、若竹と孫を供養するために五百羅漢を安置することとなった。

このほか「長純寺《ちょうじゅんじ》」には井伊直政の姉・高瀬姫の墓がある。高瀬姫は、亀之丞（直親）が匿われた信濃時代、現地で娶った妻（塩沢家の娘）との間に生まれた娘である可能性が高いという。

井伊直虎 関係年表

1534〜1536 天文3〜5年
井伊谷城麓の居館本丸にて、直虎誕生？

1539 天文8年
井伊家と今川家との間で和睦が成立。直平の娘が人質に出される。

1544 天文13年
井伊家当主・直宗の弟（直虎の大叔父）である直満と直義が、家老・小野和泉守政直の讒言によって今川義元に誅殺される。直満の子で直虎の許嫁である亀之丞（直親）も命を狙われ、亀之丞は井伊谷から信濃に亡命。

1544〜1554 天文13〜23年
この頃、直虎は菩提寺である龍潭寺で出家。南渓和尚より「次郎法師」の名を授かる。

1555 天文24年／弘治元年
亀之丞、信濃より帰国。井伊直盛の養子となり、直親と改名。奥山朝利女と結婚する。

1557 弘治3年
徳川家康、関口親永の娘・瀬名姫と結婚。瀬名姫は直平が人質に出した娘と親永の子で、直平にとっては孫娘にあたる。

1560 永禄3年
桶狭間の戦いで今川義元が戦死。今川家に従軍していた直虎の父・直盛も戦死し、直親が井伊家当主を継ぐ。一方、家康は今川敗戦に乗じて岡崎城に入城。今川家と決別する。

1561 永禄4年
虎松（直政）、直親の子として誕生。

1562 永禄5年
直親、家老の小野但馬守の讒言《ざんげん》によって今川氏真の呼び出しを受け、その道中で今川家臣に殺される。虎松も命を狙われるが、新野馬助の嘆願で助命される。

1563 永禄6年
直平、今川氏政の命で織田攻めに出陣。しかし、その道中で急死する。

1564 永禄7年
井伊谷の城代・中野信濃守直由と新野左馬助、引馬城攻めで戦死。井伊一族一門の男子は虎松だけとなる。

1565 永禄8年
次郎法師、直虎を名乗って女地頭となり、幼い虎松の後見人となる。

1566 永禄9年
今川氏真、井伊谷に徳政令を命じるが、虎松は実施せず。

1568 永禄11年
今川氏政が徳政令を実行。直虎は地頭職を解かれ、小野但馬守が井伊領を支配。家康、井伊谷三人集の手引きで遠江に侵入、井伊谷城を接収する。

1569 永禄12年
家康、掛川城を攻めて今川氏真が降伏。今川氏、事実上の滅亡となる。

1570 元亀元年
家康、引馬に浜松城を建てて本城とする。

1571 元亀2年
武田信玄、駿河に侵攻。

1573 天正元年
武田軍、井伊谷を焼き払い三河へ向かうも、信玄が病死する。

1575 天正3年
直虎、虎松を連れて浜松城外で鷹狩り中の家康と面会。虎松の仕官が認められ、万千代と名を改める。

1582 天正10年
万千代と家康、本能寺の変に遭遇し、伊賀越えを果たして岡崎に帰国。直虎、龍潭寺内にて病没。万千代、元服して井伊直政を名乗り、井伊家を継ぐ。

いまこそ知りたい

あとがき

２０１６年4月、妙雲寺で直虎と南渓瑞聞の位牌の一般公開がはじまった。妙雲寺は龍潭寺と同じ直虎の菩提寺のひとつで、本堂内を整理していた住職らがふたつの位牌を発見。鑑定したところ、直虎と南渓のものだと分かったそうだ。

奇しくも、２０１７年1月からは直虎を主人公に据えたＮＨＫ大河ドラマ『おんな城主 直虎』の放送がはじまり、にわかに直虎に注目が集まっている。ただ、本書でも幾度となく述べた通り、直虎の史料はあまりに少ない。彼女の人物像を読み解くのは至難の業だ。

ただ、それもまた直虎の魅力かもしれない。生涯独身を貫いた女城主は、きわめて希有な存在だ。史料の少なさが想像の余地を残し、さまざまな直虎像が浮かび上がる。貴方が思い描く直虎はどのような女性だろうか。本書がそうした想像の楽しみの一助となれば、幸いである。

井伊家の歴史研究会

NAOTORA II

おもな参考文献

『おんな城主 井伊直虎 その謎と魅力』(アスペクト)
『城主になった女 井伊直虎』(NHK出版)
『湖の雄 井伊氏～浜名湖北から近江へ、井伊一族の実像～』(公益財団法人静岡県文化財団)
『剣と紅 戦国の女領主・井伊直虎』(文藝春秋)
『井伊家のひみつ』(ぴあ)
『この一冊でよくわかる！　女城主・井伊直虎』(PHP文庫)

この他、各書籍・WEBサイト等を参考にさせていただきました。

いまこそ知りたい 井伊直虎

2016年12月10日　第一刷発行

著　者　井伊家の歴史研究会
発行人　出口汪
発行所　株式会社 水王舎
〒160-0023
東京都新宿区西新宿6-15-1
ラ・トゥール新宿511
電話　03-5909-8920
本文印刷　厚徳社
カバー印刷　歩プロセス
製　本　ナショナル製本
写　真　龍潭寺／浜松市／PIXTA／写真AC
ブックデザイン　杉本龍一郎（開発社）、近藤彩子
編集協力　山下達広（開発社）、松本晋平
編集統括　瀬戸起彦（水王舎）

落丁、乱丁本はお取り替えいたします。

ISBN978-4-86470-065-8